JN121197

感情的な日本語

ことばと思考の関係性を探る

加賀野井秀一

教育評論社

装幀＝三木俊一（文京図案室）
装画＝森優

プロローグ　日本語はおもしろい――「日本語」から見る「日本人」

日本語はおもしろい言語です。なにしろここでは、漢字、ひらがな、カタカナ、そして昨今では西洋式アルファベットに至るまで、四種類の「字母」が同時に使われていますし、縦書きもできれば横書きもできる。また、その横書きも、左から右にも右から左にも、自在に書くことができるわけです（戦前はほとんど右から左でしたね）。生まれてこのかた、そんな日本語の中にどっぷりと浸かってきた私たちは、ほとんど意識することもありませんが、これほど変わった言語など、いったい世界のどこにあるというのでしょうか。

中国語も漢字を使いますが、カナのようなものはありませんし、韓国語は、逆にカナにあたるようなハングルの方を専らにして、あまり漢字を用いません。欧米語ともなれば、ほとんど等質的なアルファベットが並んでいるだけですね。ギリシア語のアルファベータやロシア語のキリル文字を使う場合でも、基本的にはなんら変わることもなく、右から左に書くアラビア語を左から右に書いたり、左から右に書くヒンディー語やベンガル語を右から左に書いたりするなど、考えることすらできません。その点、やはり日本語はユニークです。

とはいえ私は、こうした日本語の独自性をふりかざして、クールジャパン論を展開してみたり、そこに一種の価値観をひそませてみたり、そんなことをしたいわけではありません。そもそも言語は、その本来の意味において、いずれもユニークであり、他では見られない特徴をそなえていると言ってもいいでしょう。私たちからすれば、「山が（主格）」「山の（属格）」「山を（対格）」などはもとより、「変格」「分格」「内格」……といった十四種類の格関係をあやつるフィンランド語や、詳細は分かりませんが、二十もの性変化をすると言われる西アフリカの言語（フラ語もしくはフラニ語）などは、驚異の極みでもあるわけです。

使用する言語が何語であるかによって、その人の感性も知性も、そこに形成される思考もすべてが大きく変わってきます。そうした次第は、第一章からすぐさまお話ししてゆくつもりですが、いずれにしても、言語が私たちにとってどれほど重要なものであり、それに関する知見を深め、それに習熟することがどれほど大切であるのか、このことを本書の全体から感じ取っていただければ幸いです。

それについては、昨今の「ChatGPT」など「生成ＡＩ」の発達により、やがて各言語間の障壁もなくなり、文章の作成もおまかせできるようになるだろうとバラ色の未来を考える向きもあるようですが、それはとんでもない思い違いというもの。もちろん、こうした新しいツール類にはいろいろと便利な使用法があり、時にＡＩから表現を学ぶこともあるでしょうが、つまるところ、文章をおまかせにすれば、思考そのものをおまかせすることになり、結局は「自分の頭で考えない」クセをつけることになるでしょう。すでにして自力で「考える」前にネットで「検索する」ことを身につけてしまった現代人にとって、「おまかせ」は「思考停止」の終着点でしかありません。

さて、そうならないためにも、私たちはまずもって、思考と言語とがどのように関係しているのか、そのあたりのことを明らかにしておかねばなりませんね。では早速、言語について問うことから始めましょう。

目次

第一章

日本語が見せる世界

言語ってなんだろう？

「言語ってなんだろう？」——言語学の授業を始めるにあたって、私は毎年、まずは学生諸君にこう問いかけるのですが、返ってくる答えは、ほぼ決まっています。つまるところ、「自分の考えていることを相手に伝える手段です」とか、「コミュニケーション・ツールです」とか、およそそのたぐいになるでしょうか。もちろん、いずれも大正解。だがね……と、そこから私は細かいところにこだわり始めます。

＊＊

皆さんは、考えを伝えるための手段だとか、ツールだとか言うけれど、本当に、言語はそうした伝達のための単なる道具でしかないのだろうか。少しイメージ化してみると、この場合、皆さんの頭の中には、まずはあれこれの「考え」が転がっている。それを運搬車としてしつらえられた「言語」に手ぎわよくのせ、よいしょっと相手の方にさし向ける、といった感じかな。

すると、これを受けとった相手もまた、その荷物に触発されて「考え」を生み出し、こいつをまた、あちらから運搬車にのせて返してくる。そんな運搬車のような働きをするのが言語だということになるね。

なるほど、ここにまちがいはない。だが、どうだろう。きみたちが相手に伝えたいこの「思い」とは、つまり、言語という運搬車にのせられる以前から頭の中に転がっていたはずの「考え」とは、いったいどんなものなのか。またそれ自体は、どのようにしてできあがってきたのか。ひょっとすると、それが生じるプロセスにも、すでに言語が一役かっていたのではないだろうか、と、そんなことにも思いをめぐらしてもらいたいものだなあ。これはつまり、私たちは言語なくして物事を考えることができるのかどうか、という大問題にもつながってくる。私たちには、たとえば「愛」ということばなくして愛という「考え」をもつことができるのか。あるいは、私たちの考える「愛」と欧米人たちの考える「love（ラヴ）」や「amour（アムール）」とは同じ事柄を表しているのかどうか。さまざまな問いが生じてくることになるわけだね……。

＊＊

こんなぐあいにして大学の授業は始まります。いかがでしょうか、本書もまたこのあたりを出発点にして、まずは、言語を研究することがなぜ必要であり、それがいかにおもしろく、手がたく、発見に満ちたものであるかをご紹介してみましょう。

翻訳できない芭蕉の名句

かつて、アメリカ人翻訳家とよもやま話をしていて、おもしろい話題にたち至ったことがありました。ほかならぬ芭蕉の名句「しずかさや岩にしみいる蝉の声」が、そのままでは英訳できないというのです。いったいなぜなのか、読者諸兄姉はお分かりになるでしょうか。そう、この翻訳家が悩んでいたのは、蝉の数。英語では、名詞を単数か複数かに決めなければ文章が書けません。つまり彼にとっては、ハムレットよろしく「a cicada」なのか「cicadas」なのか、それが問題だったのです。

すでにこの句をめぐっては、斎藤茂吉と小宮豊隆とのあいだで「アブラゼミ」か「ニイニイゼミ」かの論議がたたかわされ、こちらはおおよそ「ニイニイゼミ」派の勝ちとなっているのですが、その蝉の数については、必ずしもコンセンサスが得られたわけではないらしい。たしかに蝉しぐれ全体のサウンドが岩にしみいるとも、一匹だけの繊細な響きがしみいるとも、さまざまに考えることができそうです。あるいはまた、「蝉しぐれ」の騒々しさと「しずかさ」との関係やいかに、時刻はいつがふさわしいか……と議論は果てることもありませんが、いずれにもせよ、ここでの問題は、名詞の単数か複数かに決着をつけなければ、英語では、そもそも言語化できないしくみになっているところにあるわけです。

そんなしくみの英語話者からすれば、「え、日本語って単数・複数の区別をしないの？　信じられない！　ひどくあいまいな言語じゃない？」ということになりそうですが、いかがでしょう。「いや日本語にだって〈々〉のような表記があり、これが英語の〈s〉と同じものになるんだぞ」と反論してみても詮ないもの。「山々」はよくても「海々」はダメ。ましてや「チョコレート々」など望むべくもありません。もちろん「さまざまな」「いろいろな」「もろもろの」などの形容句を使えば複数にはできるものの、多くの場合、同じものが複数あるというよりは、異種のものが混在するような感じになってしまうでしょう。

結局、「数々の」「たくさんの」というところでかろうじて妥協するか、ついには「複数の」という直接的な形容で表さざるをえなくなるわけで、私たち日本語話者には、たしかに、全体として単数・複数をつねに見分けるという英語話者のような認識法はそなわっていないことになりますね。では、日本語はあいまいな言語という評価に甘んじなければならないのでしょうか。

いやいや、心配はご無用。そのあたりは、わがフランスの友人にでもたのんで、英語話者に一矢報いてもらえばよさそうです。たとえばフランス語には男性名詞・女性名詞というものがあって、男子学生は「アン・エチュディアン un étudiant」、女子学生は「ユヌ・エチュディアント une étudiante」と区別されます。ですから、「今日はこれから学生さんと打ちあわせがあって」などと話す場合、日本語では「学生さん」、英語でも「スチューデント student」で性差は分かりませんが、フランス語ではそれがはっきりと示されており、ユヌ・エチュディアントに会いに行く若き男性教員であったりすれば、同僚からは、「デュ・クラージュ！（がんばれよ）」なんていうことになるわけです（私が留学していた頃の話です）。つまるところ、フランス語話者は知らず知らずのうちに性差を見分けているのであって、そんなしくみのフランス語からすれば、それを見分けない英語はあいまいな言語だということになるでしょう。

どうだ、見事に仇は取ってもらえたぞ、と言いたいところですが、そうした喜びもつかのま。仇を取ってくれたフランス人が、くだんのアメリカ人と仲良くなると、今度は二人して私に向かい、「結局、日本語って単数・複数も見分けないし、性差も見分けない。やっぱり、ぼんやりした認識しかできない言語じゃないの？」とつめ寄ってこないとも限りません。さて、皆さんであれば、この難局をどう切り抜けることができるでしょうか。

言語が違えば世界も違って見えてくる

もちろん、そうした細かい識別をしないからこそ、日本語はかえって聞き手の想像する余地を広げるのではないか、といった結果論で対抗したり、日本語は和を尊ぶため、物事にあまり白黒をつけず、つつましやかにほのめかす表現法をとっているのだ、といった文化論で擁護する方法もあるでしょう。けれども、そうした観点については後にゆっくり論じるとして、さしあたりは単数・複数や性差の識別などと同じレベルでの返答を求められているわけです。さあ、どう反論するべきか。

そこで私は考えました。たとえば、こんな例をあげてみてはいかがでしょう。私たちは家族を紹介するときに、「こちらは私の兄です」「こちらは私の妹です」とやりますよね。でも、これが英語だとどうなるか。「ディス・イズ・マイ・ブラザー This is my brother.」「ディス・イズ・マイ・シスター This is my syster.」になって、兄なのか弟なのか、姉なのか妹なのか分かりません。これはフランス語でも同じこと。「セ・モン・フレール C'est mon frère.」「セ・マ・スール C'est ma sœur.」となり、日本語にすれば「こちらは私の兄弟です」「こちらは私の姉妹です」と言っているようなもので、年の上下は見分けないしくみになっています。いかがでしょうか。ここで私たちも大見得を切って、「へーえ、英語もフランス語も年の上下を見分けないの？　何てあいまいな言語なんだろうね」とやれば、胸のすくことうけあいです。

当然ながら、彼らからは、「ヤンガー・ブラザー younger brother」や「エルダー・シスター elder sister」とすればいいじゃないかという反論が出るでしょうが、それならば日本語の側でも同じこと。先ほどの単数・複数や性差にしたところで、「一匹の蝉」「女子学生」とすればいいだけの話です。もとより、どんな言語でも、ことばを重ねればおよそ表現できないことはありませんし、肝心なのは、ごく基本的なことばづかいの中で、その言語のしくみにより、無意識のうちに何を識別したりしなかったりするのかという、そのメカニズムを知ることなのです。

そう考えて、あらためて各言語の識別の違いをあげてみれば、あるわあるわ、驚くほど見つかることでしょう。たとえば私たちは「水」と「湯」を当然のように区別していますが、英語では、まずはどちらも「ウォーター」であり、必要に応じて、「ホット・ウォーター」や「コールド・ウォーター」のように形容句をつけますね。逆に、馬が走るところを見ると、英語では最初から「トロット」「キャンター」「ギャロップ」などと分けて捉えますが、日本語では、どれも「走る」であって、これまた必要に応じて「速足でゆく」「ゆっくり駆ける」「疾走する」などと表現し分けることになるでしょう。あるいはまた、英語では羊は「シープ」で羊肉は「マトン」ですが、フランス語ではどちらも「ムートン」です……といったぐあいに、こうした例は枚挙に暇がなく、それらを見れば見るほど、日々、いかに私たちが世界を異なった形で捉えているか、驚かずにはいられません。

結局のところ私たちは、使用する言語によって、知らず知らずのうちに、あるものを識別したりしなかったりするよう定められているわけですが、この言語によって大きく異なってくる世界認識の仕方を、言語学では「強制的観察 forced observation」と呼んでいます。

さて、ここまでくると、言語がもたらすこの強制力を知ることがいかに大切であるかは、もはやおのずと明らかになるでしょう。単数・複数や性差や年の上下などは、ほんの一例にすぎず、それぞれの言語が強制してくる観察の仕方は、私たちの個別的な認識から世界観に至るまで、あるいは、哲学・心理学から社会学や異文化コミュニケーション論に至るまで、すべての思索のおおもとのところで働いているのです。

言語相対論

言語がもたらす強制的観察によって、森羅万象が識別されたりされなかったりするのであれば、私たちはそれぞれの言語習慣によって世界を別様に受け取っていることになり、端的に言えば「言語はさまざまに違った仕方で外界を分割している」ということにもなるでしょう。そんな結論をいち早くみちびき出していたのは、異色の言語学者ベンジャミン・リー・ウォーフでした。彼は化学を専門にし、保険会社に勤めながら、独学でヘブライ語からアズテク語まで、さらにはマヤの象形文字からアメリカ先住民たちの言語までを研究し、ついにこうした考えに至ったのです。なぜでしょうか。

それは彼が、欧米の言語とはまったく違った言語を学び、まさしくそれらの言語が、「さまざまに違った仕方で外界を分割している」ことを知ったからにほかなりません。たとえば、彼は、英語の「私はそれを保つ I hold it.」という一文をとりあげ、なぜこの「保つ」が動詞なのかと問いかけます。

少し考えてみれば、「hold（保つ）というのは動作ではなく、相対的位置の状態であることが分かる。それでもわれわれはそれを動作と考え、そのように見さえするのである。なぜなら、言語的にはそれは I strike it（私はそれを打つ）のごとく、運動と変化に関係する多数の表現と同じような形で表わされるからである。（ウォーフ『言語・思考・現実』池上嘉彦訳 講談社学術文庫、184頁）

あるいはまた、「it flashed（光った）」という時の「it」とは何かと問いなおします。

われわれは動詞の前には名詞を置かなくてはいけないという理由からして、自然の中に虚構の動作主を読み込むのである。われわれは flash（きらめく）という動作が行なわれる場合も it（それ）とか light（光）という動作主を立て、it flashed（きらめいた）とか a light flashed（光がきらめいた）と言わなくてはならない。しかし、きらめくことと光とは同一のものである。ホーピ語ではきらめきは rehpi（きらめく、きらめきが起る）という単一の動詞で伝えられる。この場合には主語と述語に分けることもないし、ラテン語のtona-t（雷がなる）の-tのような語尾すらない。（同185頁）

たしかに、そう考えてみると、「there is a book on the desk（机の上に本がある）」という場合の「there is」なんかも、やはり不思議な存在だなあ、と、初めて英語に触れたころの記憶がよみがえってきた方も少なくはないでしょう。やはり、英語もホーピ語も日本語も、結局は、それぞれ独自の仕方で世界を識別している、というわけですね。

さて、こうした「言語はさまざまに違った仕方で外界を分割している」という考え方は、ウォーフの師であるエドワード・サピアにも共有されており、やがて、これに両者の名が冠せられ「サピア＝ウォーフの仮説 Sapir-Whorf hypothesis」と呼ばれるようになりました。また、さらに一般的には、各言語が相対的に異なる外界分割をしているところから、「言語相対論 Theory of linguistic relativity」とも称されています。

サピア＝ウォーフの「強い仮説」と「弱い仮説」

ところで、この「サピア＝ウォーフの仮説」を説明するため、とりわけよく引用されるのが、虹の色数です。たとえば皆さんは、虹は何色（なんしょく）ですかと問われると、あたりまえのように七色と答えるでしょう。なるほど、ニュートンがプリズム分析をして七色と決めて以来、今日ではこれがメジャーになっているわけですが、本当にそうでしょうか。実物の虹を観察する機会はめったにないでしょうから、手軽にプリズムででも分光して数えていただきたいのですが、実際のところ、虹の色彩は、いわば赤から紫まで漸次的に移行していて、どこで区切って一色と数えるべきか、決めようはないですね。おおざっぱに見れば三色ほどに、細かく識別しようとすれば、八色にも九色にも見えてくることでしょう。

してみると、学問の世界を中心に、これがほぼ七色というところに落ち着いているのは、ニュートンの権威や、それ以降の歴史的な紆余曲折から、偶然そうなったものとしか思えませんが、しかし、ひとたび七色とされ、それらに色名がふりあてられると、今度は、その名称が私たちの認識を大きく規制してきます。「赤・橙・黄・緑・青・藍・紫、ああ本当だ、虹は七色なんだ」と、私たちは言語による分割にそって対象を見るようになるわけです。

ですから、この世界標準とでも言うべき虹の七色が流布される以前には、虹は世界のさまざまな地域で違った色数であると考えられていましたし、実生活では、今でもそう考えている人の方が多数派かもしれません。英語圏では六色、フランス語やドイツ語圏でもおおむね五・六色、さらにアフリカのジンバブエのショナ語では四色（もしくは三色）、リベリアのバッサ語ではバッサリと二色、パプアニューギニアのダニ族の言語でも同じく二色に分けられていた（いる）、ようです。

日本語でも、『日本霊異記』や『吾妻鏡』あたりからすると、かつては五色ぐらいに見ていたようですし、さらに色彩の基本語という考え方から攻めていくと、それ以前には、佐竹昭広さんの言うように「二色の虹」、つまり、あざやかな色をあらわす「あか」と、ひかえめな色をあらわす「あお」との二色であったのかもしれません（佐竹昭広『古語雑談』）。

結局、ここでもまた言語による強制的観察は至るところに見られ、六つの色名がふられたところでは六色に、五つの色名がふられたところでは五色に、人々は虹を別様に切り取っているというわけです。もっとも、一つ付け加えておかねばなりませんが、虹を二色や三色に見立てる人も、能力的にそれ以外の色彩を見分けられないのかと言えば、そうではないことを、ブレント・バーリンとポール・ケイという二人の文化人類学者が、マンセルの色彩表を使いながら実地に検証しています（『基本の色彩語』法政大学出版局）。私たちだって、漸次的に移行する虹の色彩をもっと細かく分けろと言われれば十色にだって二十色にだって分割することはできるわけです。でも、やっぱり虹は七色。これは知覚の問題というよりも、言語を介して生じてくる文化の問題と言うべきかもしれません。

こうした次第で、私たちはサピア＝ウォーフの仮説をあれこれ論じながら、いつのまにか、哲学的ともいうべき大問題、つまり、言語と認識との関係という問題に触れることになってしまいました。当初、私たちは言語というものを、ごく常識的にコミュニケーション・ツールとして捉え、すでになされた認識を伝達するだけの道具と考えていましたね。しかし、ウォーフやサピアの発見による「言語はさまざまに違ったやり方で外界を分割している」という事実を介し、言語こそが認識の立役者であることを知るようになります。この考えを徹底すれば、やがては「言語が認識を決定する」と主張する立場に行きつくことになるでしょう。そうした主張は、今日、「サピア＝ウォーフの強い仮説」と呼ばれています。

しかしながら、バーリンとケイが調べたように、虹を二色と言いながらも、必要とあればそれを何色にでも認識できる被験者のことを考えると、言語が認識の全権をにぎっているわけではなく、むしろ正確には「言語が認識を左右する」、あるいは「言語が認識に影響する」と言うべきだろうと考える人々も現われ、こちらの主張が「サピア＝ウォーフの弱い仮説」と呼ばれるようになりました。

なるほど、言語をもたない犬猫でも（いや、我家の愛猫アルマ君などは言語をもっているようにも見えますが）、外敵を察知し、障害物を回避して逃げますから、言語だけが認識を決定するわけではないでしょう。アルマ君たちにとっての「体ひとつが通り抜けられそうな逃げ道」（厳密に言えば、この場合、「体」は客体的に捉えられておらず、「逃げ道」も「逃げる」や「道」という意味として把握されてもいないでしょう）は、私たちの言語を通し、初めて「猫の逃げ道であるソファの左側にある三〇センチほどの隙間」として現われてくるわけですね。

ですから、私たちの場合にも、まずは漠然とした知覚の状況があって、それに言語がさらにはっきりとした分割をほどこしてゆく、とでも言うべきでしょうか。もっとも、こんな風に知覚と言語とを分けて考えることすら問題で、私たちにとって両者は渾然一体、同時に働いているものと見なければなりません。まあ、いずれにしても今日では、このサピア＝ウォーフの「弱い仮説」の方が広く受け入れられているようです。

日常の言語から、一歩だけ身を引く

さて、ここまでは「言語相対論」という考え方を中心に、各国語にはそれぞれ独自の「世界の切り取り方」があるのだということを学んでまいりましたが、いかがでしょう。日頃、何気なく使っていた言語というものが、実は私たちの世界認識を決定したり左右したりするほど重要なものでありながら、案外、当の私たちがその重要性に気づいていないことに、気づいていただけたでしょうか。そう、言語はあまりにも私たちの身近にあるため、いや、むしろ血肉化されて身体そのものの一部になっているため、かえって意識されず、つまるところ「灯台下暗し」状態にあるというわけです。

私たちは、体に不調のないかぎり、あそこに行こうとして、わざわざ左右の脚を交互に出して進もう……などと考えることはありません。意図すれば、身体が一挙にそれを実現してくれます。何かを伝えたければ、これまた、文法も語彙情報も考えることなく、母語がスラスラと表現してくれます。でも、よくよく考えてみると、こうしたあたりまえのことこそが、実はいちばん不思議なのではないでしょうか。

かつて聖アウグスティヌスも「時間」についてこんなことを言っていましたね。時間とは何ぞや？　人があえてそれを私に問わなければ、私は知っている。だが、ひとたびそれを問われると私は知らない。過去はもはや過ぎ去ったものだから無に等しい。未来はまだ到来していないのだから無に等しい。現在は瞬時に移ろうものだから無に等しい。さて、そんな時間とは何だろうか？と、おおよそそんな感じだったでしょうか。

さて、私たちもまたこれから、日頃は意識すらしない母語に対して、「日本語とは何ぞや？」といった問いをたてようとしています。人が私に問わなければ、何も考えず流暢に話している日本語も、あらためてそれを問われると、とたんに困ってしまうわけですね。あなたは、「一本、二本、三本」を何の苦労もなく「いっぽん、にほん、さんぼん」と読むでしょうが、では、なぜ「いちほん、にほん、さんほん」ではないのか。ひとたび留学生からそんな質問を受けたら、何と答えればいいのでしょう。たとえば「さんぼん」のように「ん」の後にくる「ほん」は、「ぼん」と濁った方が発音しやすいからだろうね、などと答えても、すぐさま

「では、四本はなぜ〈よんぼん〉ではないのですか」と、なかなか一筋縄ではまいりません。あるとき、百足(むかで)が、自分はどのように足を動かしているのか思案し始め、ついに分からず歩けなくなったという笑話がありますが、言語について考えるときも同じこと。淀みなく流れる一連のことばから、ほんの一歩だけ身を引いて、その姿をじっくり眺めてみることが必要になってまいります。もっとも、百足くんのように考えすぎて歩けなくなってしまっては大変ですが、心配にはおよびません。先ほど見たように、言語について考えるのもまた言語なので、思案のすえに語れなくなるようなことはないでしょう。日常の言語から一歩だけ身を引くということは、むしろ、無意識的な母語のメカニズムの全体を見渡しながら、自信をもって再びその流れに身を浸すための、一種の通過儀礼とでも言うべきものかもしれません。さあ、ご一緒に、日本語の不思議をたどりながら、私たちの世界観を大きく左右している文化の構造を明らかにしてまいりましょう。

第二章

日本語はほのめかす

省略に潜むもの

多くの言語論は、あれこれの言語を論じるにあたり、すぐさま、その構造や機能について語り始めます。しかし、どんな言語を取りあげる場合でも、ちょいとその前に、この言語とそれが発せられる背景との関係について考えておかねばなりません。

私たちは、何かを語る際、あたりまえのことですが、すでに相手にも分かっていると思われることは「言わずもがな」、すっかり省略してしまいますね。不案内な知人に買いものをたのむような場合、「渋谷のハチ公前から見える１０９の右側の通りをまっすぐ行くと、東急文化村（ああ残念、ここはもうなくなってしまった！）への入口につくけれど、そこの通りをへだてたところにＶというパン屋さんがあるので、ここでバゲット二本とクロワッサン四個とを買ってきてくれませんか」と言うことになりますが、これが長年つれそった夫婦間であれば、「いつものパン買ってきて」ですむわけです。つまり、おたがいに共有された前提条件が多ければ多いほど、ことばは「省略」されるというか、「圧縮」されるというか、結果として、私たちは的に、「雄弁」にならざるをえません。

「寡黙」でいられるわけですね。これに対して、前提が共有されていなければ、ことばは説明的に、「雄弁」にならざるをえません。

こうした関係が、実は、さまざまな言語のあいだにも見られ、たとえば欧米の言語は総じて「雄弁」であるのに対し、日本語は比較的「寡黙」であり、また、そうであることを尊ぶ傾向をもっているように思われます。つまり、日本語には多くの場合、わざわざことばにするまでもない暗黙の了解があり、おかげで私たちは「口角泡を飛ばし」たり、「目くじらをたて」たりして議論する必要がないというわけです。それが証拠に、私たちのまわりには、こうした傾向を表す数多くの言い回しが見つかることでしょう。

「以心伝心」「阿吽（あうん）の呼吸」「ツーカーの仲」「一を聞いて十を知る」「黙って座ればぴたりとあたる」「暗黙のうちに」「暗々裏に」「通じあう」「響きあう」「気のおけない」「言わずとしれた」「言わずもがな」「言わず語らず」「肝胆あい照らす」「呼吸があう」「息があう」「肌があう」「気があう」「波長があう」「ウマがあう」「魚心あれば水心」「察する」「察しをつける」「意思疎通」「忖度」「行間を読む」「余白を読む」「空気を読む（KY）」「なあなあで」「腹芸」「腹の探りあい」「目は口ほどにものを言う」「目を見れば分かる」「目くばせ」「寄物陳思」「沈黙は金」……。

もちろん欧米語にも、たとえば「雄弁は銀、沈黙は金（英）Speech is silvern, Silence is

golden.（独）Sprechen ist silbern, Schweigen ist golden.」といった同じような表現があり、あの『巴里の屋根の下』や『悪魔の美しさ』で知られるフランス映画の巨匠ルネ・クレール監督も『沈黙は金 *Le Silence est d'or*』という作品を撮っているくらいですから、こうした発想はわが国特有のものとはいえず、また、この「沈黙は金」の表現にかぎっては、逆に欧米語からの輸入品である可能性も高いのですが、とはいえ、やはり日本語には、右記したような沈黙をたたえる表現が格段に多いことはいなめません。

いささか古い話になりますが、わが国にも大量消費社会がやってきて、川崎徹や糸井重里といった名コピーライターたちが脚光をあびていた一九八〇年代、そこで大ヒットしたキャッチ・コピーにも、「男は黙ってサッポロビール」や「メシ・フロ・ネルのお父さん」など、とりわけ日本男児の無口な姿が、毀誉褒貶（きよほうへん）とりまぜて強調されておりました。

こうした寡黙な日本語の特徴を物語るものとして、さらにそこでは、「言いさし」表現が多く用いられることも加えておくべきでしょうか。たとえば、「例の件、さきほどお願いしておいたのですが、ご回答はいかがでしょうか」と照会するような場合にも、私たちの多くは、このセリフすべてを語ることはなく、「例の件、さきほどお願いしておいたのですが……」と余韻を残して言い止（さ）し、後半部分は相手に察してもらおうとするわけですね。かたや、皆まで言うのはダサい、こなた、察しの悪いのはニブい、と、たがいにそう考える言語的な土壌の上で

「言いさし」表現は多用されているようです。

そういえば、世界中、どこの国に行っても、まず覚えるべきは「こんにちは」「ありがとう」「さようなら」の三語だといわれますが、たとえばフランス語の「Bonjour.（ボンジュール）（良い日になりますように）」にしても、英語の「Thank you.（サンク ユー）（あなたに感謝します）」にしても、はたまた中国語の「再見（ツァイチェン）（またお会いしましょう）」にしても、それぞれに言語は違えど、語るべき内容はいずれもそのことばの中にきちんとそなわっており、表現はそれで完結しています。ところが、わが日本語では、こんなに身近なあいさつことばさえ、よくよく考えてみれば、すべて「言いさし」表現になっているのです。

「こんにちは」は、「今日は、ごきげんいかがにてましますぞ」とでも言うべきところ、むしろその表現の本体部分がすっぽりと抜け落ちたものですし、「ありがとう」もまた、「これほどのお心づかいは、有難きことにて」の一部分だけが発せられていることになるでしょう。「さようなら」ともなれば、「さようならば、これにてごめん」の「さようならば」が、つまり「それでは」とか「では」とかいった接続詞部分だけが発せられているわけです。

いつだったか、とある小学生のお子さんが、別れぎわ、私に向かって「先生、じゃあね」と言うのを聞きとがめたお母さんが、「だめよ、先生にはきちんと『さようなら』とごあいさつしなきゃ」とおっしゃったのですが、「じゃあ」と「さようなら」とどこが違うのか、私は思わず吹き出してしまいました。

ともあれ、こうした「言いさし」表現からしても、やはり日本語は、多くを語らず、「以心伝心」を期待してほのめかすたぐいの表現法を用いていると言うことができるでしょう。

「ハイ・コンテクスト社会」としての日本

ところで、今日では、この多くを語らずとも豊かな意味を伝えられる社会のことを「ハイ・コンテクスト（高文脈）社会」と呼び、また、こまかいところまで言語化しないと誤解されかねない社会を「ロー・コンテクスト（低文脈）社会」と呼ぶことが一般化しています。この命名は、文化人類学者のエドワード・T・ホールによるもので、発想のきっかけはアメリカ先住民の文化研究から来ているようですが、その考えを完成させたのは、おもしろいことに、彼の日本文化との出会いであったらしいのです。著書『文化を超えて』（TBSブリタニカ）には「日本での体験から」という一章までがもうけられ、彼のわが国での珍道中が披露されるとともに、いかに日本がハイ・コンテクスト社会であるかが、つぶさに描き出されています。

彼によれば、「言葉」「行為」「姿勢」「身振り」「声の調子」「顔の表情」、そして「時間や空間や物のあつかい方」「仕事のやり方」「遊び方」「求愛の仕方」「身の守り方」など、あらゆる言語外の現実が、この社会のコミュニケーション構造を作り上げており、これらすべての事柄は、その背後にひそむ文脈（コンテクスト）に親しんでいなければ、意味を正しく読み取ることはできない、と言うのです。つまり、ハイ・コンテクスト社会では、言語以外の歴史的・社会的・文化的なコンテクストがほとんどの人々に共有されており、これが前提となるので多くを語る必要がなく、ロー・コンテクスト社会では、まさにその文脈が欠けているため、すべてを言語に頼らねばならないというわけです。

ホールや彼の後継者たちは、こうした発想から、人々がたがいに深くかかわりあっているアメリカ先住民や日本人をハイ・コンテクスト文化の最端におき、反対に、「個別化の度合が強く、ある意味で疎外され、分断化されている」スイス人やドイツ人をロー・コンテクスト文化の最端にすえ、そこから、矢つぎばやに理論を展開していったので、しばしば、実証がともなっていないなどといった批判を受けることにもなるのですが、まあ、詳細はさておき、この「ハイ・コンテクスト社会」「ロー・コンテクスト社会」という捉え方は、おおよそのところで有効なのではないでしょうか。

では、なぜこの日本が、ハイ・コンテクスト社会の最たるものになるのか。これまた、あまり実証的ではないかもしれませんが、私にとって啓示的であった一つの体験を聞いてください。

私がかつてパリで暮らし始めたころのことです。一九八〇年代ですから、もう四〇年も昔になるでしょうか。ある日、妻とともに電車に乗ると、ちょうど座席が二つあいていたのですが、あいにく一人の男性が座っているその両側でした。当然ながら、この男性がちょっと左右にずれてくれれば、私たちは一緒に座れる状況だったわけですが、彼の方にはそうするそぶりなどさらさらなく、とはいえ、他のことがらにかまけているわけでもなく、目の前に立っている外国人である私たち二人を見上げて、ものめずらしげに眺めています。しばらくして、私の方からおずおず、「ムシュー、よろしければ、どちらかに少し動いてくださると、私たちは並んで座ることができるのですが」とたのんでみたら、彼は破顔一笑、「もちろんですよ、どうぞどうぞ」と譲ってくれました。何のことはない。彼は私たちの心中を忖度することなど、これっぽっちもなかっただけで、話してみれば、いかにも善意あふれる人物だったわけです。

こんな日常のささいな出来事ではありながら、今から考えてみると、私にとってはこれが、かなり重要な異文化体験となっています。わが国であれば、ほとんど誰もが、こうした二人が車内に入ってきた段階で、それがカップルであることを察知し、その一瞥を感じただけで、ここに一緒に座りたいんだなという願望を見ぬき、とっさに左右どちらかへ一席ずれることでしょう。そして、この行為は、ほとんど無意識のうちに行われる。これこそが、ホールの言う「ハイ・コンテクスト社会」の姿なのですね。

なぜ日本ではハイ・コンテクスト社会が成立するのか

そんなことに気づき始めた私は、その後、随所で、こうした人々の行動を細かく観察するようになり、そこから、たとえばロンドンのアンダーグラウンド（地下鉄）内の人々は、パリのメトロ内の人々よりも察知力が高そうだという実感をえて、どうやら、フランスよりもイギリスの方が「ハイ・コンテクスト社会」であるらしいと考えるようになりました。

だが、そうした違いはどこからくるものなのか。好奇心はとどまるところを知りません。ロンドンにしろパリにしろ、国際都市であることに違いはなく、双方ともに旧植民地からの移民が多いことも共通しています。違うとすれば、ただ一つ、イギリスが島国であることでしょうか。島国は、時にガラパゴス化をも引き起こすように、独自の孤立した空間を作り出し、その内部に共通したものの見方や考え方を生じさせます。ロンドンの人々は、パリの人々にくらべて、その島国的なコンテクストを共有している分だけ察知力が働くのだろうと、素人考えではありますが、私はそう推測してみました。

では、こうした推測をもってすると、ホールたちから「ハイ・コンテクスト社会」の最端に位置すると考えられたわが国には、いったいどんな理由が見つかることになるのか。もちろん、最初にあげられるのは、イギリスと同じ島国ということですね。

そのつぎにくるのは、単一民族に近い人種構成でしょうか。たとえば、パリの大学で教壇に立ってみると、当然のことですが、居ならぶ生徒たちの肌の色は白黒黄色、髪の毛は金銀赤黒茶、瞳の色も青緑黒茶とヴァラエティに富んでおり、いかにも人種のるつぼの中に飛びこんだような感じがして、ささやかなカルチャー・ショックをおぼえます。しかしまた、何年かして、こうした光景に慣れた目で日本に帰ってくると、今度は、肌も髪も目も似たような外観をもつ学生さんたちを前にして、逆カルチャーショックに見舞われること必定です。これは日本の社会にどっぷりと浸かった状態ではあまり感じられない経験ですね。私たちがいかに一様なあり方をしているかは、多様なものを迂回してでないと、なかなか分からないことのようです。

もちろん、わが国にも、アイヌの人々など異民族を主張する向きはあるにせよ、また諸外国にルーツをもつ人々もいるにせよ、パリやロンドンにくらべればはるかに少数で、とりわけ近隣諸国から来ている人々であれば、見た目にもあまり違いはなく、日本語や日本文化がそれなりに共有されていれば、私たちは、ほぼ単一民族というか、単一民族幻想と言うべきか、かなりのところまで「みんな同じ日本人」と感じているわけですね。

さらにここに、かつてよりわが国が農耕社会、それもとりわけ稲作を中心とする農耕社会であったということが加わります。まずもってこの社会は、狩猟社会などとは違い、定住が前提です。先祖代々同じ村の同じ家に住み、ご近所さんも変わりばえのしないメンバーであって、家族構成もおたがいの知るところでしょう。「あそこを歩いているのは何の何兵衛で、十年ほど前に、何の何吉の娘を嫁にもらって七人の子だくさん。人柄は云々……」なんてことが村中で周知の事実になっている。そんなところでは、何を話すにしても、めんどうな説明がいらないのはあたりまえですね。

そのうえ、これが稲作中心の村であれば、人々の結びつきも、たがいを知る度合いも、いっそう強くなります。なぜなら、稲作には毎年のルーティン・ワークが決まっており、いつも天候を気にしながら、つねに声かけあって、田植えから稲刈りまで、いっせいに共同作業を行わねばならないからです。そのあいだにいとなまれる儀式や祭についても、すべては、先祖代々決められた約束事が、決められた手順で行われることになっている。こうした密接な交流の中で、誰もが隣人の年齢、素性、考え方、体力、嗜好、性癖など、すべてお見通しということにもなるでしょう。

短詩形文学から読み解く

こんな風に考えてくれれば、わが国がどうしてハイ・コンテクスト社会になったのか、おおその見当はつきますが、それを単なる感想や経験知のみにとどめておかないためにも、ここからは、日本社会に特有の短詩形文学の歴史をひもとくことによって、少しばかり側面の方から実証してみたいと思います。

短詩形文学とは、短歌、俳句、狂歌、川柳など、まさしく短い詩のたぐいを総称するものとお考えください。わが国ではこうした短詩形文学が、プロの歌人や俳人ばかりでなく私たち一般庶民のあいだでも広く行われ、それが万葉の昔から現代に至るまで綿々と続いているわけですが、よくよく考えてみると、これほど短い詩の形式で、これほど長きにわたって続いているものは、わが国以外、いったいどこの世界にあるというのでしょうか。

中国の五言絶句も短歌や俳句よりは長いし、かつてはもっと短い形式の漢詩もあったといわれますが、今ではすっかり消滅してしまっています。二十世紀の初頭には、フランスのアベイ派の人々も短い詩を書いていたようですが、これまた、ごく短期間ですし、さらにみれば日本の短詩形の模倣であったという落ちがついています。どうやら、「俳句は世界一短い詩」という評言にまちがいはなさそうですね。

それにしても、たかだか「五七五七七」とか「五七五」とかの字数で表現されるこの短い詩が、万葉の昔から今日まで二〇〇〇年にもわたり、数知れぬ人々のあいだで作られてきたのだとすれば、どうして、「すべては言い尽くされてしまった、ああ肉は悲し！」（マラルメ）というようなことが起こらないのかと、そんな疑問がわいてはこないでしょうか。もちろん新語がつくられる可能性も、従来の語が変移する可能性もありますから、表現は無限といってもいいのでしょうが、それでも、一般的な語彙を数え上げて、その組合せをビッグデータ処理のように考えていけば、現代人が新たに表現できる余地は極端に少なくなるはずです。それなのに、現在でも短詩形文学にたずさわる人々の創作意欲が少しもおとろえていないように見えるのは、いったいどうしてなのでしょう。ひょっとするとそれは、短詩形文学が、その字面で表現するというよりも、むしろその行間で、その余白で表現しているからではないでしょうか。

たとえばあの芭蕉の一句「古池や蛙飛びこむ水の音」を取りあげてみれば、字面で表現されているのはわずかに「古池」「蛙」「飛びこむ水音」だけですね。ところがここでは、この三つの事柄のはざまにこそ、さまざまな意味が立ち現れてきています。まず「古池」には、少しさびしい風情がただよい、そこに一匹の蛙が飛びこんで小さな水音をたてる。これはおそらく視覚をも伴っていて、音の響きとともに池は静かに波紋を広げてゆくことでしょう。それとともに、春の季語でもあるこの蛙が、死んだように静まりかえっていた古池に生気をもたらす仕掛けにもなっており、さらに、この一瞬の響きの後には、かえって静寂がいやましに感じられもするわけです。

いかがでしょうか。たかだか「五七五」の字数で、これだけのことを言わずして語る。そんな短詩形文学は、まさしく「ハイ・コンテクスト社会」の「以心伝心文化」をそのままに体現したものだということができるでしょう。

長歌から短歌へ

そうだとすれば、この短詩形文学がいつどのようにして成立し、その後どのような経緯をたどって今日に至るのか、このことを明らかにしてゆけば、それはそのまま、私たちの社会がどのようにして「ハイ・コンテクスト社会」になってきたのかを解明することにもなるはずです。ところで、私たちが「短歌」と呼んでいるものは、どうしてそう呼ばれるのでしょうか。短い歌謡形式だから？　もちろんそうですが、正確に言えば、かつて「長歌」という形式があってこそ、それに対して「短歌」という名がつけられたという経緯もあるのです。長歌は万葉の時代にはさかんに作られたものの、その後、急速にすたれてしまいました。なぜなのか？　それこそが、私たちの「ハイ・コンテクスト社会」が成立した理由をはっきりと物語ってくれる出来事となるのです。

まずは長歌とはどんなものか見てみましょう。とはいえ、ここにその典型例をあげようとすると、その名の通りかなり長いので、まずは紙幅を節約しながら『万葉集』でも最短の作に例をとることにいたします。

やすみしし　吾が大君(おほきみ)

高光る　日の皇子(みこ)
ひさかたの　天つ宮に
神ながら　神といませば
そこをしも　あやに恐(かしこ)み
昼はも　日のことごと
夜はも　夜のことごと
臥(ふ)し居(い)嘆けど　飽き足らぬかも

反歌一首
大君は　神にしいませば　天雲の　五百重(いほへ)が下に　隠りたまひぬ（『万葉集』巻二、二〇四〜二〇五）

このように長歌には、まずはその「本体」部分があり、その後ろに「反歌」が置かれます。これは弓削皇子(ゆげのみこ)が亡くなったときに、置始東人(おきそめのあずまひと)が作ったとされているものですが、本体部分では皇子のことをくり返し讃え、悼(いた)み、反歌の部分では、それを要約してまとめあげています。本体と反歌との関係は、論理展開と結論と捉えてもいいでしょうし、表現行為とそのまとめと考えてもかまいませんが、つまるところ、本体部分が説明・説得を行ない、反歌の部分がコンセンサスを確立するという形を取っているわけです。

もっとも、これほど短い長歌では、そうした両部分の関係性も見えにくいので、できれば、高市皇子（たけちのみこ）のために柿本人麻呂がつくった『万葉集』最長の歌（巻二、一九九）にでもあたっていただくのがよろしいかと思いますが、この歌には一四九句にもわたる法外な長さがあり、反歌も二首そえられています。当時の口承（オーラル）文化では、これを読むのではなく聴くのが普通でしたから、これだけ長いと、最後の句が詠まれる頃には、最初の方で語られたことなど当然ながら忘れてしまうでしょう。ですから、本体部分の要旨を反歌でまとめる必要があったわけですね。

では、いったい、長歌の本体部分で言おうとしていたこと、そこで説得し確立しようとしていたこととは何だったのか。ごく大ざっぱに言えば、それはたとえば、天皇制であったと考えることができるでしょう。もちろん、長歌には郷歌や法文歌や恋歌も豊富ですので、政治的・社会的な内容をもって一般化することはできませんが、さしあたり、この天皇制の確立をめざす方向は、長歌全体の主流であったと思われます。

当時は、大化改新を象徴的な出来事として、豪族たちの群雄割拠の状態から古代帝国へと、決定的な移行がなされようとしている時代でした。天皇もそれまでは、いわば大豪族の一人にすぎなかったわけですが、彼をその主座につけるため、天皇家擁立グループは、祭りや儀礼や歌唱などによって権威確立のプロパガンダを展開してゆきます。

『万葉集』の代表歌人たちのかなりの者が、天皇を賛美する長歌を作り、それを朗唱する公的な役割をもっていたというのも、あながち的はずれの見方とは思えません。つまり長歌のかなりの部分は、わが国の社会に、まだ部族ごとの多様な価値観が並存していた頃、天皇を中心にして、ものの見方を統一していこうとする一つの説得のこころみであったと解釈することができるのです。そう考えるならば、さきほどの柿本人麻呂がつくった『万葉集』最長の歌が示す法外な長さにも、それのもつ執拗な説得口調にも、初めて納得がいくように思われます。

さて、その結果はどうなったのか。やがて天皇家擁立グループのプロパガンダは、地方に派遣される防人や、労働奉仕で都にのぼってくる人々の交流ともあいまって、庶民の意識のすみずみにまで浸透してゆくことになるでしょう。そうなると、天皇の権威について、もはやくどくどと説明する必要はなくなり、天皇＝神という了解が暗黙の前提になるとともに、長歌の部分はすたれ、反歌だけが独立して短歌となっていくわけですね。それを端的に表しているのが、たとえばつぎの一首。

大君は　神にしいませば　天雲の　雷(いかづち)の上に　いほりせるかも（『万葉集』巻三、二三五）

いかがでしょうか。これまた柿本人麻呂の手になるものですが、さきほど引用した置始東人の作から反歌だけが独立したものと捉えても、さほどおかしくはないでしょう。もちろん、年代的にそうした変遷をあとづけるのは容易なことではありませんが、おおよそのところ、短歌形式が主流となって、まさしく「和歌」の地位を占めるようになるプロセスは、同時代の社会の統一と均質化とのプロセスに対応すると思われます。日本という国号も、天皇という称号も、そしておそらくは、せまい意味での日本語というものも、まさにこの七世紀末から八世紀初頭にかけて確立したと考えられるのではないでしょうか。

いずれにしても、この時点において、わが国の言語芸術は、すでに「表現」や「説得」の芸術から「暗示」や「察知」の芸術へと向かう最初の一歩をふみ出してしまっていたように思われます。つまるところ、私たちのご先祖は、もうこの頃から「ハイ・コンテクスト社会」への歩みを始めていたというわけです。

短詩形文学の変遷

以後、社会の価値観の統一や均質化は平安朝まで続き、やがて「女手」とよばれる仮名が考案されるとともに、『古今和歌集』『新古今和歌集』のみやびな国風文化が生まれてくるのは誰もが知るところですが、その後、乱世をむかえ、再び人々の価値観が分裂してくると、それに応じて和歌の隆盛にもかげりが見え始めます。

寡黙な示唆言語として発達してきたこの短詩形文学は、統一された社会の暗黙の前提にたよりきることができなくなり、かつての長歌のような説得の技術が必要とされてくるのですが、ただし、もう七世紀以前の多様性にまで逆もどりすることはできません。暗黙の前提も消え去ってしまうわけではなく、おおよそ、「貴族」「武士」「僧侶」が奉ずる三種類ほどの価値観に分かれるだけで、それらは一手に「軍記物」にゆだねられ、長大な形式のなか、あるいは並置され、あるいは混合されてまいります。たとえば、『平家物語』のつぎの三か所などは、それぞれ三種の価値観に対応する部分となるでしょう。

ほととぎす　花橘の　香をとめて　なくは昔の　人や恋しき　建礼門院（貴族）

木曽左馬頭、その日の装束には、赤地の錦の直垂（ひたたれ）に唐綾縅（おどし）の鎧着て、鍬形打ったる甲の緒締め、厳物（いかもの）作りの大太刀はき……（武士）

祇園精舎の鐘の声、諸行無常の響きあり。娑羅双樹の花の色、盛者必衰の理をあらはす（僧侶）

また、短詩形文学としての和歌そのものは、連歌という姿になって対話の形式をとり、長詩形の要素を取り入れながら命脈をたもつことになるでしょう。詠まれる場も、殿上貴族の範囲をはるかに超え、「座」の組織を介して商工業者のあいだにも広まり、それなりの前提を維持しながら、階層にとらわれない対話・説得のスタイルをとってゆきます。

それがやがて「俳諧連歌」となり、「貞門」「談林」を経て芭蕉へと流れていくのですが、ここから生まれてくる「俳句」も、結局は短歌以上の短さとなって、徳川三〇〇年の統一・均質化された社会を反映することになるわけです。

つまるところ、反歌の独立に始まった寡黙な示唆言語をめざす日本語の傾向は、その後の社会の均質化や多様化の変遷に応じて多少の紆余曲折はあったものの、おおまかなところでは、次第に暗黙の前提を蓄積しながら、現在の短歌・俳句のうちに結実してゆくという筋書きになっています。

さて、こうした道筋を描きながら「ハイ・コンテクスト社会」成立のバロメーターとなってきた短詩形文学は、はたしてどのような境地にたどりついたのか、その一例を捉えて、「行間で語る」日本語の驚くべき到達点をかいま見てみましょう。

ハイ・コンテクスト社会の極致、本歌取り

私たちが学校で教わってきた短歌の手法には、「枕詞（まくらことば）」「掛詞（かけことば）」「縁語」「本歌取り」などさまざまにありましたが、この期におよんで考えてみれば、それらのほとんどすべてが、実は「ハイ・コンテクスト社会」特有の産物だったということに気づかれるのではないでしょうか。

枕詞は、「くさまくら」とくれば「旅」、「たらちねの」とくれば「母」、「あらたまの」とくれば「年」を、それぞれに連想する仕掛けになっています。また、掛詞は同音異義を利用して一語に二つ以上の意味をもたせる手法であり、「まだふみもみず　天の橋立」とあれば、この「ふみ」に「踏み」と「文」とを重ねるようなものですね。そして縁語は、「梓弓　春たちしより　年月の　射るがごとくも　思ほゆるかな」（『古今和歌集』巻三、春歌上・一二七）のように、「弓」にちなんで「春＝張る」「射る」などのイメージをつぎつぎにつないでゆくというものです。いずれも、日本語に習熟し、日本的な約束事や連想の脈絡に通じていなければ使えるものではないでしょう。

こうした「ハイ・コンテクスト社会」に特徴的な手法のなかでも、とりわけ群を抜いて発達したものに「本歌取り」があります。これは先人の詠みあげた名歌を、後に続く者たちが下敷きにし、一部のエレメントを再利用しながら、歌境を広げ、新機軸を打ちたてる手法だという

ことができるでしょうか。たとえば「苦しくも　降り来る雨か　三輪の崎　狭野の渡りに　家もあらなくに」（長忌寸奥麻呂）（『万葉集』巻三、二六五）という万葉の古歌があれば、これを下敷きにして、藤原定家は「駒とめて　袖うちはらふ　かげもなし　さののわたりの　雪の夕暮」（『新古今和歌集』巻六、冬歌・六七一）と詠みます。ここでは、土砂降りに難渋していた人物が、突如、雪の袖をはらう余裕をもつようになり、さらに、夕暮れの風情までが加わります。当然ながら、定家を鑑賞する者は、奥麻呂の歌をも同時に想起しなければならず、また、想起できた者には、行間＝余白に、字面のどこにも書かれていないアナザー・ワールドが開け、双方の情景とともに、両者の差異そのものを楽しむことができるようになるわけです。言語のはざまに展開するなんと高度な文学手法なのでしょうか。

この境地が極まると、わずか三十一文字の中にどれほど広大な世界が現われてくるのか、その究極の例を見てみましょう。ご紹介するのは同じ定家の一首です。

春の夜の　夢のうき橋　とだえして　峰にわかるる　横雲の空（『新古今和歌集』巻一、春歌上・三八）

現代語に訳すと、春の夜のはかなくも短い夢がとぎれ、（巫山の神女を思わせる）横雲が、（さながら後朝（きぬぎぬ）の別れを告げるかのように、）峰から別れて立ちのぼってゆくあけぼのの空であるよ、とでもなりますか。

まず、これの本歌は『古今和歌集』巻十二（恋歌二・六〇一）、壬生忠岑（みぶのただみね）の「風ふけば　峰にわかるる　白雲の　絶えてつれなき　君が心か」になるのですが、それと同時に、『狭衣物語』巻四の「はかなしや　夢のわたりの　浮橋を　たのむ心の　絶えもはてぬよ」も意識されているはずですし、「夢の浮橋」といえば当然ながら、『源氏物語』の最終巻「夢の浮橋」が念頭にあることは言うまでもありません。そこへきて、『新古今和歌集』の一つ前の位置に置かれている藤原家隆の「かすみたつ　末の松山　ほのぼのと　浪にはなるる　横雲の空」（巻一、春歌上・三七）も考慮されているでしょうし、そのまた本歌である『古今和歌集』の東歌「きみをおきて　あだし心を　わが持たば　末の松山　浪もこえなむ」（巻二十、東歌・一〇九三）も想起されていることでしょう。

さらにそれだけではありません。当時の知識人ともなれば漢文の素養は不可欠で、この一首からは、『文選』の高唐賦の序にある「朝雲暮雨」の故事、つまり、楚王が夢の中で巫山の神女と契ったという話が伏線になっていることまでも見抜かねばならないのです（現代語訳の括弧に入れた部分はそこから来ています）。

さすがに現代ともなれば、これほどの前提を読みとれる教養人がたやすく見つかるとも思えませんし、知ったかぶりでこれを書いている私にも、実のところ、あの一首から瞬時にここまでのものを連想する力はありません。それにしても、短詩形文学の字面の背後に隠されている「行間＝余白＝コンテクスト」をして語らせる日本語の喚起力たるや、およそ世界にも比類のないものだと言わざるをえませんね。万葉の昔から、すでに「沈黙の言語」としてみずからを形成し始めた日本語は、知らず知らずのうちに私たちを、驚くほど察知力にめぐまれた国民へと仕立て上げてきたのかもしれません。

手渡された一枝の山吹

こうした傾向をさらに助長してきたのは、たとえば、太田道灌（どうかん）の逸話のたぐいでしょうか。道灌といえば頭に浮かぶのは何よりもまず「山吹の故事」。落語の『道灌』にも歌舞伎の『歌徳恵山吹（うたのとくめぐみのやまぶき）』にも取りあげられているので、ご存じの方も多いでしょうが、念のため、ごく手短かに紹介しておきましょう。

道灌は、ある日、鷹狩りに出かけて雨にあい、近くの家で蓑（みの）を借りようといたします。このとき、一人の少女が、そっと山吹の一枝をさし出すのですが、道灌にはその意味が分かりません。後になって、それが『後拾遺和歌集』におさめられた「ななえやえ　花は咲けども　山吹の　実の一つだに　なきぞかなしき」（巻十九、一一五四）という古歌の意だと知り、おのが無知を恥じたというお話です。「実の一つ」が「蓑一つ」にかけられていたのですね。

やがて、これを境に道灌は研鑽をつみ、あっぱれひとかどの文人武将になったという美談がそえられ、もはや道灌といえば、数々の軍功や江戸城の造営などよりもまず、この「山吹の故事」を想起させる文人モデルになっています。こうしたモデルが私たちにうながしているのは何か。結局、「教養を積め」「察知力を磨け」という、きわめて日本的な修養のすすめになるわけです。

いずれにしても、こうしたさまざまな事例から明らかになってくるのは、この国の文化における言語の役割が、言語本来の力を駆使して相手を「説得」しようとするのではなく、言語をできるだけ節約して、相手に「察知」してもらおうとする態度につらぬかれているということでしょう。

その結果、定家の「春の夜の夢」のように連想網を広げた高度な一首も登場するにいたりますが、これが同時に、思いがけぬ陥穽をもたらさないとは限りません。察知力ばかりをやたらに肥大させ、相手に対しても「理解してくれ」「分かってくれ」とねだり続けたあげく、私たちは、ふと気がついてみると、自己の表現力や論理的な思考力の方を無残なまでに幼稚なまま、そこにとどめてしまっているのかもしれないのです。光のあるところ、影もまたありということでしょうか。

「秋の夕暮れ」はどう表現されてきたか

たとえば、道灌流の教養人が、とある「秋の夕暮れ」に出会ったとすれば、まず行なうべきことは何でしょう。そう、たとえば寂蓮のつぎの一首を想起することでしょうか。

さびしさは　その色としも　なかりけり　慎立つ山の　秋の夕暮　寂蓮法師（『新古今和歌集』巻四、秋上・三六一）

秋の夕暮れにふと「さびしい」気持ちになり、そのことばが浮かんだとたん、彼の教養はこの一首をよび寄せることでしょう。たとえそこに槙などなくても、たとえそこがビルの谷間であったとしても、彼のうちにはまず、この心象風景が広がってゆくわけです。いや、そうではなく、ひょっとしたら西行の方がしゃしゃり出てくるのかもしれません。

心なき　身にも哀は　しられけり　しぎたつ沢の　秋の夕暮　西行法師（同巻、秋上・三六二）

今度は、この教養人も俗世をはなれ、鴫（しぎ）がいなくても鴫たつ沢を想うようになるでしょう。さらに彼は、これら先人たちの数々の心象風景を横断したあげく、ついには、こうした本歌取りの手練（てだ）れ、定家の一首を思い浮かべることになるのでしょうか。

見わたせば　花も紅葉も　なかりけり　浦のとまやの　秋の夕暮　　藤原定家（同巻、秋上・三六三）

もはやここには何もありません。花も紅葉もないのですが、かえってそこには、マラルメが語っていた「不在の花」のように、現実のどこにもなく、現実のどこにあるものよりもはるかに美しい花や紅葉が髣髴（ほうふつ）とするわけです。なかなかの演出ですが、この情景はおよそ定家の体験からくるものではありませんね。まさしく本歌取りの手法によって、頭の中で作為的に再構成したものといえるでしょう。そして、ここにいたってようやく教養人は、はたと気づくことになるのかもしれないのです。彼が秋の夕暮れに感じたあのさびしさは、道灌流の教養にはばまれ、いつのまにか彼の
さびしさではなくなっていたのではないか、と。

つまり彼は、本来ならば、かけがえのない自分自身の体験を、自前のオリジナルな言語をまさぐりながら表現すべきところ、ある意味ではそれを、安易に既存の表現に託し、作為的に、

小器用に、しかるべく配置しなおしただけではないか、というわけです。

言語はその最も創造的なはたらきにおいて、世界を新たな視点で切り取り、それを記号化するものですが、道灌流の教養人は、先人によってすでに切り取られている世界の断片、つまり既成の記号をてぎわよく操作し、配置しなおしているにすぎないこととなるでしょう。

そればかりではありません。このやり方でいけば、彼は、先人によって表現され蓄積されたもの以外には、注意を向けにくくなり、表現範囲の狭窄化を起こしてしまうに違いないのです。雪月花はやたら詠まれるのに反して、たとえば、「夏の海にてりつける太陽」や、「満天の星」や、「市井の人々の庶民的な活力」などが詠われることは絶えてありませんでした。

また、花といえば、桜、梅、山吹、女郎花（おみなえし）など、鳥といえば、鶯（うぐいす）、鴫、鷺（さぎ）、鴨、杜鵑（ほととぎす）などが特権的に取りあげられる反面、「いぬふぐり」や「継子（まこ）の尻ぬぐい」や「信天翁（あほうどり）」が登場するなど、ゆめゆめ考えられもしなかったことでしょう。つまりこの時、表現者は、ごく限られた既成の対象を、決められた前提事項にそって観察しなおし、そこにいささかの新味を加えているだけであって、彼の眼は、良くいえば洗練されている、悪くいえば些末にはしっている、ということになりそうです。

「以心伝心」の外に出てみる

こうして考えてくると、わが国の短詩形文学の高度な発達と、そのかたわらに生み出された思いもかけぬ陥穽とが、次第にはっきり見えてこようというものです。つまり、「察知の言語」として洗練に洗練をかさね、「記号操作」にたけてきた日本語は、共通の前提、共通の教養をもつ者のあいだでは、じつに高度なコミュニケーションを成立させているのですが、その反面、前提ぬきで、いわば裸眼で現実をながめ、自前の言語によって世界を「記号化」し、異なる前提を越えてコミュニケーションを達成しようとする努力をおこたってまいりました。おかげで、私たちはいまだに、共通の前提をまったくもたない「他者」に向かって語りかける「雄弁＝説得の言語」を未熟なままにとどめており、その結果、ここまで国際化の進んだ時代のただなかにあっても、あい変わらずの社交下手・外交下手の烙印を引きずっているわけです。

それればかりではなく、察知の言語が通用するとたかをくくっていた同胞とのあいだでさえ、世代間格差や海外生活体験の有無などによって、次第に約束事が共有できなくなってきており、共通前提も共通教養も崩れつつあるのが現状でしょう。

たとえば、年配のご婦人がお店で、「これ、ヨイゴシ（宵越し）のお豆腐じゃないでしょうね」とたずねたら、若い女店員さんはすました顔で「当店では、絹ごしと木綿ごししか置いておりません」と答えたという笑える話がありますし、「このアイデアの得失を述べよ」という出題をしたところ、学生さんたちから「得失ってどういうことですか」という質問が続出し、

「メリットとデメリットのことだよ」と言ったら、「なんだそうか」とあいなった私自身の最近の体験からしても、今や、世界に冠たるハイ・コンテクスト社会にも、かなりの亀裂が生じてきていることは確かだろうと思われます。

さらにもう一つ付け加えておくとすれば、わが国では以心伝心を重視しすぎてきたせいか、最近では、気軽にことばをかけあうことすら苦手な人も増えているようです。とりわけおもしろい現象が観察できるのは、電車内のシルバー・シートの周辺でしょうか。

たとえば、このシートに比較的若い人々がすわっていて、そこに、いささか疲れた表情の老人が乗りこんできたとしましょう。もちろん、日本的察知力にたけた人なら、すんなり席を譲るでしょうが、さもなければ老人はどうするか。彼らの前のつり革につかまりながら、やや鼻息をあらくしてみたり、少し咳ばらいをしてみたり。これ、当然ながら「察知してよ」の非言語的な信号でしょうね。でも、その努力の甲斐もなく、若者たちはスマホ・ゲームに興じたり、居眠りしたりと気づかぬ風情。これまた、ひょっとすると「気づいてあげないよ」、もしくは「その見え見えの〈席を譲れ〉の身ぶりは横柄だぞ」という信号を返しているとも思われ、そこには双方の高度なコミュニケーションが成立しているのかもしれません。結局、老人はむっつりと黙りこみ、立ったまま悲しげな後姿を見せることになってしまうわけですね。

でも、こんなとき、もしも老人が率直に「お兄さん、申し訳ないけれど、私、ちょっと立っているのがつらいので、その席をゆずっていただけませんか。」のように声をかけさえすれば万事うまくいくだろうに、と考えるのは私だけでしょうか。というのも、私には、またもやパリに住んでいた頃の、あるささやかな体験が思い出されるからなのです。ある日、バスの座席にすわっていると、一人の年配の女性が乗りこんできたのですが、空席のないのを知ると、私に小さな紙きれを示し、席をゆずってくれというのです。よく見るとそれは軽度の身体障がい者の証明書でした。

「もちろん、おすわりください、マダム」というわけで、気持ちよくゆずりあいもでき、これがまた、私の貴重な異文化体験となりました。知識としては百も承知だったはずですが、フランス人というのは、私たちとは一味ちがって、はっきりと自己主張し、それをきちんと事分けて話すのだなあということを、ここで身をもって確認したというわけです。私にとっては、さらにこれが、日本的以心伝心とフランス的自己表現、この両者をうまく案配することが重要であることに気づく大切な契機になったのかもしれません。

第三章

日本語は惑わせる

日本語の歴史の最重要点

さて、日本語が言語外のコンテクストに依存しながら、いかに「沈黙の言語」として自己形成してきたのか、そのあたりのことをあれこれ眺めてきたところで、いよいよこれからは、この言語が見せるそれ自体の特徴的な姿を明らかにしてみましょう。そのためには、まず、日本語の歴史における最も重要なポイントに注目しなければなりません。それは、日本語の表記法として漢字が移入される紀元四世紀ごろ。そこを出発点として、日本語は私たちをかくも惑わせる二重言語になったのです……と、ここで「二重言語」などという耳なれない表現を使いますが、それはいったいどういうことなのか、これからじっくりと論じることにいたしましょう。

私たちは日本語を研究しようとして過去をふり返りますが、どうしても記紀万葉（『古事記』『日本書紀』『万葉集』）や『風土記』のころまでしかさかのぼれません。それより前には文字がなく、記録が残っていないからです。もちろん、それ以前にも、私たちの先祖は日本語を使っていたには違いないのですが、それは完全に口承的（オーラル）なものであり、今となっては推測するしかないものです。これをさしあたり「原日本語（プロト）」と呼んでおきましょうか。

このオーラルな文化の中で、どのようにして文字文化への欲求が生じてきたのか、私たちには知るよしもありませんが、たとえば、大陸からの漂着民と接した者があれば、そしてその人々が文字らしきものを使っているところを見たり、記録の利便性が分かったりすれば、当然ながら自分たちもまた、ということになるでしょう。おそらくはかなり早い時期から、この日本列島のそこかしこに、そうした散発的な出来事は起こっていたのだろうと思われますが、それが決定的な形を取るのが、いわゆる「漢字伝来」というものです。

よく日本史では、紀元四世紀ごろに王仁（わに）や阿直岐（あちき）といった人物が百済から日本に漢字を伝えたと教えられますね。たとえば『古事記』には、彼らが『論語』や『千字文』を持参したと記されており、このあたりからして、わが国にも、やがて次第に文字文化が浸透し始めることになるわけです。もっとも、こまかいことをいえば、この時代にはまだ『千字文』など成立していなかったではないかとか、そもそも王仁や阿直岐が実在したのかどうかさえ疑わしいとか、いろいろ問題はあるのですが、さしあたり、この時期に、漢字がかなりはっきりした形で伝えられたことだけは異論のないところでしょう。いずれにしてもここでは、わが先祖たちがこの頃、日本語を表記するため、決定的に漢字を取り入れることにしたという事実こそが重要なのであって、それにくらべれば、王仁や阿直岐の実在性や持参した文献の詳細など、およそ二の次ということになるでしょうか。

ところで、日本語表記のために漢字を用いるということ、つまり、日本語表記のために中国語（歴代の呼称にとらわれないよう、総称としてこう呼んでおきます）の表記法を用いるというのが、はたしてどれほどのことだったのか、私は寡聞にしてそれを徹底的に論じている文献を知らないのですが、これは本当に、大変な出来事だったように思われます。

現在、比較言語学では世界中の言語を、系統の近いもの同士でファミリーに見立て、「インド＝ヨーロッパ語族」だとか「マライ＝ポリネシア語族」だとか、さまざまに分類していますが、そのての分類では、中国語は「シナ＝チベット語族」に属します。一方で日本語は、所属先がないというか、分からないというか、ユニークな存在です。ただ分かっていることは、中国語とは似ても似つかない、まるで別系統の言語だということであり、日本語の表記に漢字を使うということは、ファミリー間の壁をとびこえて、まったく異質な言語の異質な表記法を借りてくることになるわけです。

これは、たとえば、「ノーマン・コンクエスト」の際、つまり一〇六六年、フランスの一諸侯にすぎなかったノルマンディー公ギヨームが英仏海峡を越えてイギリスを征服し、イングランド国王ウィリアム一世になった際に、英語の中にフランス語が大量に混入したなどという生易しい話ではありません。そんな出来事は、たかだか同じ「インド＝ヨーロッパ語族」間の事柄にすぎませんから、ちょいとした単語やイディオムを交換すればすむことでしょう。でも、日中間の言語ファミリーの垣根をこえるのは、さほどたやすいことではありません。それほど稀有な試みが、後にどんな結果を生み出すことになるのか、「お代は見てのお帰りだよ！」と言いたいところですが、やがてこれが、良くも悪くも日本語の光と影とを作り出してゆくことになろうとは、そのころ、いったい誰に予見することができたでしょうか。

「万葉仮名」「ひらがな」「カタカナ」

とにかく、こうした次第で、私たちの先祖は、まずは漢字を用いて自分たちのことばを音写することから始めました。ためしにつぎの一首を読んでみてください。

　余能奈可波　牟奈之伎母乃等　志流等伎子　伊与余麻須万須　加奈之可利家理（『万葉集』巻五、七九三）

いかがでしょう。うまく読めましたか。そう「世の中は　空しきものと　知る時し　いよよますます　悲しかりけり」です。これは大伴旅人が妻を亡くしたときの一首ですが、現代的な感性にもそのまま通じる見事なできばえですね。

しかしながら、この迫りくる悲しみを一筆でつづるのに、こんなに字画の多い漢字ばかりを連ねていたのでは、さぞかし旅人もはがゆい思いをしたことでしょう。けれども、まだ「ひらがな」も「カタカナ」もありません。仕方がないので万葉人は、漢字に「訓読み」をあたえ、意味をそのまま日本語に置きかえようといたします。たとえば、先ほどの「波」や「母」を「は」や「も」のような音写に使うのではなく、これの意味が「原日本語」の「なみ」や「はは」にあたるのだとすれば、その文字をそのまま「なみ」「はは」と読んでしまえばいいではないかという考え方ですね。では、つぎの一首もまた読んでみてください。

石激　垂見之上乃　左和良妣乃　毛要出春爾　成来鴨（『万葉集』巻八、一四一八）

これもまた大伴旅人の作と同様に私の偏愛する志貴皇子の歌ですが、「岩走る　垂水の上のさわらびの　萌え出づる春に　なりにけるかも」となりますね。冒頭の「石」「激」がまさに「訓読み」の例であり、この文字に対応する中国語音を借用するのではなく、これらがそれぞれ「原日本語」でいう「いわ」や「はしる」を意味する文字だと分かったら、その文字をそのまま日本流に読んでしまっているわけです。おかげで、「いわばしる」の五音が二文字で書けることになり、労力もかなり軽減されることでしょう。

もっとも、この歌には、「左和良妣乃」のような一字一音の部分もあれば、「成来鴨」と「訓読み」をさらに「音」として使うようなおもしろい用法までが混在しています。これはJR東日本が作成したかつての傑作キャッチ・コピー「愛に雪、恋を白（あいにゆき、こいをしろ）」なんてのを思い出させますね。ほかにも、「朝庭（朝には）」や「夏樫（なつかしい）」などもありますし、「長春日乃晩家流（長い春の日が暮れてしまった）」ともなれば、下手をすると「長い春の日の晩に、家が流されてしまった」とも取られかねません。

まあ、このあたりの錯綜した漢字の用法は、そのままに、私たちの先祖が、いかに苦労して漢字を自家薬籠中のものにしようとしていたか、当時の状況をつぶさに伝えてくれるものとなるでしょう。いずれにもせよ、訓読みが体系的に整備されるには、七世紀の後半を待たなければなりませんでした。

こうした万葉人たちのさまざまな努力によって、中国語の表記法がなんとか日本語の表記法に転用され、それがいわゆる「万葉仮名」と呼ばれることになるのですが、ここで注意しておきたいのは、この「仮名」という名称です。当然ながらこれは「仮の名」ということであって、本来の中国語として書かれた漢語、つまり「真名（＝真の名）」に対してそう呼ばれるわけですね。まぎれもなくここには、本家である中国語を崇め、そこから文字を拝借して使っている自分たちの言語を一段下におく姿勢が見てとれます。これは私たちの心的傾向を考える上で大変重要なポイントになるので、少し記憶にとどめておいてください。

それはともかく、このように万葉仮名の範囲内で音訓を工夫しながら少しは楽に書けるようになった日本語でも、人々は、あいかわらず漢字の仰々しさには手を焼き、もっと簡単で音表記だけに使えるような文字がほしくなってもくるでしょう。まさしく「仮名」ならぬ「かな」や「カナ」が生み出されるゆえんです。そのプロセスはといえば、かつて学校でも教わったように、「ひらがな」は漢字の全体像をくずして、「カタカナ」は漢字の一部をとって作られてきたものでした。

安　↓　あ

阿　↓　ア

ところで皆さんは、どうしてこんな二種類もの「かな／カナ」があるのか、不思議に思われたことはないでしょうか。学校ではほとんど教わりませんが、これは双方の発生してきた経路が違っているからですね。「ひらがな」は、よく言われるように、おもに清少納言や紫式部のような女流作家たちの手によって、漢字をくずし書きする方向で生み出されたものと考えられていますので、まさに「女手（おんなで）」と呼ばれます。それに対し「カタカナ」は、仏教や儒教の経典を日本語に読みくだす作業のなかから、僧や漢学者によって作られてきたものです。

このプロセスについては、後でもう少し詳しくお話ししますが、経典はもともと漢字が並んだだけの「白文」です。私たちは漢文の授業のおかげで、なんだか最初から「テニヲハ」や「返り点」がついているような気がしてしまいますが、それは回顧的錯覚というもの。そうした白文に添える付属物の考案こそが、当時の僧や漢学者の偉業であり、そこから「カタカナ」も生まれてくることになるのです。

中国語には、日本語の「テニヲハ」、つまり助詞・助動詞などにあたるものがなく、語順によって文法関係が決まります。ですから、漢籍の白文を日本語的に読みくだそうとすると、こうした付属語のたぐいを補わなければなりません。つまり、現在の漢文の授業で、白文のかたわらに付加されている「テニヲハ」は、まさにその補うべきものの符牒になるわけです。

この符牒が現在ではカタカナになっていますが、カタカナのない時代にはどうだったのか。当然ながら、表記法としては漢字しかありませんので、白文のかたわらにはあの字音を借りた万葉仮名と同じような要領で、さらに小さな漢字が添えられておりました。ただでさえ字画の多い漢字の横にまた漢字!、僧も漢学者もこれには閉口して、ついに考案したのがカタカナだったというわけです。つまり、音の符牒として漢字「阿」をそえなければならない場合には、これの一部である「阝」をとって「ア」とすればいい。では「伊」は「イ」に、「宇」は

「ウ」にして……と、いつのまにか「ひらがな」とはまったく違う表音文字体系ができあがってしまったんですね。

今日、このカタカナが、音をそのままに表そうとする「オノマトペ（擬音語・擬声語・擬態語）」や「外来語」「動植物名」などに使われているのは、まさしくこうした発生のプロセスにふさわしい用途となっていることがお分かりいただけることでしょう。

「人走路」から「人が道を歩く」まで

さて、中国語の表記法を日本語の表記法に用いようとして万葉仮名から出発し、ようやく自分たちの音表記にふさわしい「ひらがな」や「カタカナ」をも考案するに至った私たちの先祖は、では、それらをもって、当初あたえられた中国語の文から、どのようにして現在のような日本語の構造を作り上げてきたのか、今度はその道筋をたどってみることにいたしましょう。

まずは、大陸から伝えられたつぎのような文があったとします。これは中国文学の大家・吉川幸次郎さんが好んであげられた例文ですが、オマージュを兼ねて引用してみました。

人走路

この段階はまだ中国語であり、それを習う日本人も、最初は中国語そのままに「レン・ヴァオ・ルー」と読んでいたことでしょう（当時の正確な発音は分かりません）。この場合、「人」は「人」ですが、「走」は「走る」ではなく「歩く」、「路」は「道」を表しており、「人が道を歩く」という意味になります。やがて彼らは、当然のように、訓読みを始めたことでしょう。つまり、「人走路」を見て「人(ひと)が走(ある)く路(みち)を」のように読もうとするわけです。もちろん、「人走(ひとあゆ)む路(みち)を」と古風にすべきかもしれませんが、考え方の筋道さえ分かればいいので、そのあたりのことははしょっておきましょう。

そうしてみると、「ひとがあるくみちを」の傍点の部分が「人走路」に対して余分になっており、これがわが日本語における「テニヲハ」や「送りがな」であることが分かります。これらの部分こそが、中国語にはない日本語に特有のものですから、それをわが先祖たちは心覚えとして「人走路」のかたわらに付加しておきました。

さらに、「人走路」も日本語の語順からすれば「人路走」ですから、「走」と「路」とをひっくり返して読むしるしをつけておきたい……等々。これらが現在、私たちが学校で習う漢文の「返り点」や「送りがな」のもとになり、こうして、つぎのような形が登場することになりました。

人ガ走ク㆑路ヲ

もちろん、すでにお話ししたように、「送りがな」も、当初は漢字で添えられていたものがカタカナになるわけですし、「返り点」も、今では「レ点」に統一されていますが、かつてはさまざまな符牒が乱立していたため、すぐさまこれほどすっきりした形になったわけではないことも、ここにつけ加えておきましょう。

さて、そこからは、いっそのこと漢字の語順も入れかえ、添え書きの部分も本文のうちに取り込めばよかろうと考えるのが自然ですね。

人ガ路ヲ走ク

さらに、音声表記法として特化してきたカタカナは、ひらがな普及のあかつきには、そちらに変え、漢字も「道」や「歩」といった日本風のものにする（和習）……。こうして成立してきたのが「和漢混交文」さらには「漢字かな交じり文」というもので、それがまさしく今日の日本語の基本的なスタイルを作り上げているわけです。

人が道を歩く

いかがでしょうか。こうなると、元の中国語「人走路」は、この文の「人」「道」「歩」にその名残りをとどめ、そこにとりわけ日本的な「が」「を」「く」が加えられて、現在の日本語を構成しているのだということが一目瞭然となりますね。この中国語と原日本語とのドッキングを考慮することによって、今すこし「日本語は二重言語である」という主張を強化しておきましょう。

日本語の基本構造

ここに至って、ようやく日本語の基本的な構造が見えてきます。中国語では「人」「走」「路」がそれぞれ孤立して置かれ、文法関係は語順によって示されますが、言語類型論ではこうしたタイプを「孤立語」と呼んでいます。それに対して日本語は、「人」「道」「歩」などの概念本体をになう部分と、「テニヲハ」のような文法関係を受けもつ部分とに大きく分かれており、前者を後者が「膠（にかわ）」のようにつないでいる「膠着語（こうちゃくご）」と呼ばれるタイプの言語です。

現在の学校文法では、概念本体の部分を「自立語」、「テニヲハ」の部分を「付属語」と呼んでいますが、国文学では古くから、前者を「詞」、後者を「辞」と呼んで、日本語は「詞―

辞」構造をもっているといった表現をしていました。その伝でいけば、中国語は「詞」ばかりがゴロゴロと並んでいることになるでしょう。

だとすると、日本語の特徴を捉えるためには、まず、この日本語に特有の「辞」つまり「テニヲハ」を考察してみるのが早道というもの。これについては、はるか以前から、あの炯眼の本居宣長が指摘しておりました。

てにをはと云もの、和哥の第一に重ンずる所也、すべて和哥にかぎらず、吾邦一切の言語、ことごとくてにをはを以て分明に分るること也、吾邦の言語万国にすぐれて、明らかに詳らかなるは、てにはあるを以て也、異国の言語は、てにはなきゆへに、その明詳なること、吾邦に及ばず、達せざるところもままあること也。（『排蘆小船』）

ここでは「てにをは」とも「てには」とも言われていますが、同じことです。要するに、「てにをは」は和歌で第一に重んずるところだが、和歌にかぎらず、「てにをは」があればこそ、日本語は世界に冠たる「明詳」さをそなえているのだ、と主張しているわけですね。それにしても、フランス語に対してはしばしば「明晰判明」が語られますが、わが日本語に対して「明詳」とは、あまり耳にすることのない賛辞ではないでしょうか。でも、これは、あながち国粋的とみなされる宣長のよまいごとではなく、まさしく正鵠(せいこく)を射た指摘であるように思われます。

たとえば、中国語で「私は彼女を愛している」というのは「我愛她」（分かりやすくするため、簡体字は使いません）ですが、前後を入れかえて「她愛我」とすれば、彼女の方が私を愛していることになります。先ほど指摘しておいたように、中国語には文法関係を示す「テニヲハ」のようなものがなく、その関係は語順によって示されるということでしたね。また、このように語の結びつきをはっきりと説明しない中国語では、同じ「我愛她」が、時として「私が彼女を愛しているということ」「私が彼女を愛している時」「彼女を愛している私」などの意味になることもあるようです。その点、日本語は、「テニヲハ」さえついていれば宣長の言うように「明詳」で、「私は彼女を愛している」「彼女を私は愛している」「愛しているよ、私は彼女を」「愛しているよ、彼女を私は」……などと、どんな語順にも置けますし、どこにおいても、少しもあいまいなところはありません。

ついでにこれを英語ともくらべてみましょうか。

I consider Mary an artist.　　私はメアリーを|芸術家だと|思う。

日本語では「メアリー」と「芸術家」とのそれぞれに「を」や「と」がついて、両者の関係が明らかになっていますが、英語では「Mary」と「an artist」とがただ並べて置かれているだけで、その関係は私たちが判断しなければなりません。この場合には、中国語と同じように語順で決まってくるわけですね。英語は本来、言語類型論からすれば「屈折語」という仲間に分類され、語と語との関係も、活用や語尾変化から、わりあいはっきりと規定されるはずなのですが、このあたりは、かなりくずれて孤立語の形に近づいてきているようです。

そんな状態が高じると、たとえば、つぎのようなことにもなるでしょう。

He called me a doctor.　　彼は私に医者を呼んでくれた。
He called me a doctor.　　彼は私をドクターと呼んだ。

二つとも、まったく同じ表現なのに、まるで違う意味になってしまいます。こうしてみると日本語の「テニヲハ」は、ラテン語の授業などで教わる「与格」や「対格」の区別もしっかり表現していることが分かるでしょう。さっきのメアリーの例にしても、「I regard Mary as an artist.」とすれば、「テニヲハ」をつけたような感じでより明確な言い回しになるわけで、まことに宣長の指摘は卓見だったというほかありません。

和語と漢語の共存

これまでは、とりわけ「原日本語」に由来する「辞」をめぐって考えてきましたが、では、「詞」の方はどうなっているのか。こちらについては、その中心となる「名詞」をとりあげ、原日本語から受けつがれたものと大陸から渡来したものとが、どんな感じで融合したり、淘汰しあったりしたのか、そのあたりを考えてみることが必要かと思われます。

大ざっぱに捉えると、私たちのまわりには「和語（＝やまとことば）」と「漢語」というものがあって、前者がわが国で原日本語から自然発生的に生じてきたことば、後者が大陸由来のことば、と考えることができるでしょう。「はやさ」と「速度」、「やまのぼり」と「登山」などがこれにあたりますね。ただし、漢語の中には、「哲学」「恋愛」「郵便」などのように、幕末から明治にかけてわが国で作られた「新造漢語」もありますので、いちがいに漢語を大陸から渡来したものと言うことはできませんが、これについては、また後ほどお話しすることにいたしましょう。

ところで、この和語と漢語との共存には、私たちが考えてみるべきとりわけ重要なことが隠されています。それは、この共存によって私たちのうちに、本来の原日本語だけで考える場合や、中国語だけで考える場合とはまったく違う思考法が培われているのではないかということです。たとえば「初春」という記号を目にしても、中国人にとっては「シューシュン」という一通りの読みしかなく（北京語・広東語などの発音の違いは捨象しておきます）、それによって引き起こされる概念なり意味なりがあるだけだろうと思われます。

ところが、私たちのあいだでは「はつはる」と「ショシュン」という二つの読みが同時に行われ、それぞれ微妙に違った意味あいを生じます。「はつはる」とくれば、どことなく丸みを帯びてやわらかく、それこそ万葉人の世界をも髣髴させ、年賀状あたりに用いられるのがぴたりの感じになるでしょう。それが「ショシュン」となると、もっとひきしまった感じで鋭角的になり、きびきびした表現をするのにうってつけの物言いになるでしょうか。いずれにしても私たちは、この二重の意識をつねにもちながら、ことばとその心象風景との取捨選択をする特殊な情況におかれているように思われます。

さらに和語と漢語との共存は、圧倒的な漢語の優位性をまねくことになるでしょう。漢語は和語にくらべてはるかに高い分析力をもち、きわめて強い造語力をそなえています。たとえば、和語の「なみ」というものを考えてみると、さしあたりおおらかに水の寄せくるさまを表し、細かく分析しようとすれば、「おおなみ」「こなみ」「さざなみ」というように何らかの形容句をつけて新たな名詞を作るわけですが、私たちは現行のものを、いくつ列挙することができるでしょうか。「たかなみ」「よこなみ」「つなみ」「どようなみ」……懸命に努力してみても、なかなか即座には思いつきません。

ところが、漢語となるとどうでしょう。まずは、「なみ」という段階で、すでに「波」「浪」「濤」「瀾」などとこまやかに識別された名称が浮かびます。こまかい意味については諸説あるようですが、おおよそ「上下に起伏するなみ」「さすらうなみ」「わき上がるおおなみ」「ゆれ動くおおなみ」とでも訳し分けておきましょうか。これらがさらに順列組みあわせ的に結びついて「波浪」「波濤」「波瀾」となり、さらに「波」だけでも「波紋」「波文」「波及」「波流」「波動」「波状」……と、とめどなく熟語が作れます。こんな言語が大陸から伝えられたなら、わが先祖たちもさぞかし敬意をいだき、重宝し、こぞってそれを採用したに違いありません。おかげで、和語の「なみ」の方はその後の発展性を大きくそがれてしまったというわけです。

当然ながら、こうしたことは「なみ」だけにとどまらず、多くの和語のボキャブラリーを圧迫し、いつのまにか「詞―辞」構造の「詞」の部分は、かなりのところまで漢語によって占められるようになってしまいました。もちろん今日でも、日常のたわいない会話では、やはり和語が多く使われますが、会議や、少しあらたまった場所での話となると、「今後の議会開催日程は後日担当者の方から書面でご通知いたします」のように、「詞」の部分には、ほとんどしゃちこばった漢語が並ぶことになりますね。

漢語の優位性

こうして和語と漢語とのあいだには、優劣や位階制とでもいうべきものが形づくられてゆきます。日常語は和語、フォーマルな場所では漢語、したがって、私的・情的な表現は和語で、公的・知的な表現は漢語でという使い分けが生じ、漢語が和語よりも一段高いところに置かれることになるでしょう。すでに「真名」というオリジナルなものと「仮名」という借用したものとのあいだに優劣の差があったことは指摘しておきましたが、ここではそうした本来のステイタスに加えて、ことばの運用現場においても、漢語の圧倒的な優位が示されることになるわけです。

ひらがなが広く受容され、国風文化が栄えたとされる平安時代にも、中国を仰ぎ見る人々の気持ちは変わらず、良峯安世（よしみねのやすよ）は良安世、藤原冬嗣（ふゆつぐ）は藤冬嗣、菅原清公（きよただ）は菅清公と、わざと中国風の名のりをして悦に入っていたようです。勅撰集にしても、あの『古今和歌集』（九〇五年）にはるかに先がけて『凌雲集』（八一四年）『文華秀麗集』（八一八年）『経国集』（八二七年）といった漢詩集が作成されていたくらいですから、いかに人々の中国へのあこがれが強かったか、おして知るべしというところでしょう。そういえば、和歌よりも漢詩の方を尊ぶ当時の風潮がはっきりと表れている藤原公任（きんとう）の逸話がありますね。「三舟の才」と呼ばれるものですが、ご存じですか。

公任は、時の歌壇をとりしきるとともに、『和漢朗詠集』の撰にあたるほど漢詩の才にもめぐまれていた人物です。『大鏡』によると、その彼が、藤原道長のもよおす大堰川での川遊びに参加した日のこと、おりから「和歌の舟」「漢詩の舟」「管弦の舟」がしつらえられ、舟上ではそれぞれのジャンルの競作・競演が行なわれようとしていました。道長からどの舟に乗るのかとたずねられた公任は「和歌の舟」を選び、そこで「小倉山　嵐の風の　寒ければ　紅葉の錦　着ぬ人ぞなき」と詠んで称賛されるのですが、この時の彼のセリフがふるっています。

「ああ、漢詩の舟に乗ればよかったなあ。あそこでこの程度の詩を作っていたら、もっと名声もあがっただろうに、なんとも残念なことだ。とはいえ、入道殿（道長）がどの舟に乗るかと問われたのは、私に三ジャンルのどれでもこなせる才能があると思われてのことだろうと考えると、ちょっと得意になっちゃいますね。」

このように、明らかに当時は漢詩の方が和歌よりも高級だったわけですが、漢語の優位がもたらすものはそれだけではありません。「ひらがな」を「女手」と呼ぶことに象徴されているように、さらにそこにはジェンダー・ギャップもからんでくるのです。つまり、男は漢字、女はひらがなを使うものだということで、漢語・和語の位階制は、男女間の格差によってますます強化されることになるでしょう。

ジェンダーギャップと〝騎士道精神〟

この頃から、貴族のあいだでは、とりわけ女性を深窓に閉じこめ、「つつましやか」で「たおやか」で、ちょうど「ひらがな」のように「丸みをおびた」「やさしい」存在に仕立てあげようとする動きが目立ってまいります。フランスの歴史家シャルル・セニョボスに言わせると、西洋社会において「宮廷風恋愛」が誕生したのは十二世紀ということになりますが、いずこも同じく、社会があるていど安定し、生産力が高まって生活に余裕が出てくると、女性が飾りたてられることになるようです。

それまでのヨーロッパ諸侯は、群雄割拠。合戦と狩猟とに明け暮れ、女性をあたかも物品のごとくあつかう生活をしていました。そこにようやく〝騎士道精神〟というものが生まれ、騎士たるものは「意中の女性 Dame de sa pensée」に対する尊敬と熱愛とをもって戦場におもむくべし、などという行動基準が定められてくるのです。おそらく騎士道は、当時の荒武者たちの殺伐とした生活をあらためるための手段だったのでしょう。

やがて、十三世紀から十五世紀にかけては、諸侯の城内に「恋の宮廷 Cour d'amour」なるものが置かれ、城主の奥方を中心とした一種の「歌合わせ」というか、「詩歌競技会」のようなものが開かれるようになります。当然ながら、人々のことばも次第に洗練され、上流階級だけで通じる隠語や、女性専用の言い回しまでが登場することになるでしょう。この流れは、さらに、十七世紀のフランスで「ギャラントリー」や「プレシオジテ」と呼ばれる現象を生み出してゆきます。ギャラントリーは「雅（みやび）の道」、プレシオジテは「気取り」とでも訳しておきましょうか。これらはともに、ことばや身なりの洗練を競う当時の風潮を指すものです。

ここで彼らがどんな物言いをしていたかは、アントワーヌ・ソメーズという人の残した『プレシューズ（気取った女性たち）辞典』などに記録されているのですが、それによると、「鏡」は「忠実な画家」や「美の相談役」、「ついたて」は「裏切者」、「月」は「沈黙の松明（たいまつ）」などと、もってまわった言い回しで表現されています。「迂言法」と言えばいいのでしょうか。なかには、「扇」が「ゼフュロス」なんていうのもありますが、この意味お分かりですか。そう「ゼフュロス」はギリシア神話の「西風」の神。ボッティチェリの名画「春」や「ヴィーナスの誕生」で頬をふくらませているあの怪しい男のことですね。このように衒学趣味（ペダントリー）も競います。

とはいえ、さすがに「歯」を「口のなかの調度品」などと言うところまでくれば、同時代のモリエールあたりがその作『才女気取り（滑稽なプレシューズ）』でこの風潮を痛烈に攻撃していたのも納得のいくところでしょう。

と、いささか異国のことに言及しすぎたところで、話を元にもどすと、わが国でそうした詩歌や歌舞管弦のコンクールがあたりまえのようにおこなわれ、女性の美化・理想化がなされたのがいかに早かったたか、考えてみれば驚くばかりです。ヨーロッパで騎士道精神や詩歌競技会の広まってゆくのがようやく十二・三世紀ごろ。これに対し、公任の「三舟の才」は十世紀、そしてあの一大時代絵巻の『源氏物語』でさえ、十一世紀には完成しているのです。ここからしても、すでに第二章で見たように、私たちの社会がどれほど早くから統一され、共通基盤の上で安定し、いかに言語的な洗練もなされていたのか、容易に想像がつこうというものです。

女房詞の誕生

さて、日本におけるこうしたタイプの言語的洗練は、やがて室町時代になると、御所づとめの女官たちを中心にして「女房詞(ことば)（女房言葉）」と呼ばれるものを生み出します。これは現在の女性ことばにも大きく影響する出来事でしたし、今でもそのなごりをとどめているものが見つかります。

代表的な例として、まずは語頭に「お」をつけて美称にした女房詞があげられるでしょう。「水」を「おひや」、「田楽」を「おでん」、「腹」を「おなか」というたぐいです。また今日、私たちはうまいものを食べて、意識することもなく「おいしい」と言っていますが、これもまた女房詞。もとはといえば、「いしい（美しい）」であったところに「お」がつけられたものでした。ところで、信心深い方々は「お堂」に二重に敬意をかさね、「おみ堂」と言ったりもするようですが、「おみおつけ」もそのたぐいかと思ったら、さにあらず。なんとこちらは、「みそ」を「おみ」と女房詞にしたものに、さらに女房詞の「おつけ」（飯につけて出す汁物）をドッキングさせたのだということです。

続いてあげるべきは、「もじ」がついたことばでしょうか。たとえば「しゃもじ」。これは本来は「杓子（しゃくし）」ですが、「〈しゃ〉のつくあのことばだよ」という感じでほのめかされており、この婉曲表現によって女官たちは、先ほどのプレシオジテの手法と同じく、高雅な雰囲気を作り出すわけですね。もちろん、こうした風潮にはまたそれなりに、行きすぎを揶揄するモリエールのような立場も登場してくることでしょう。落語「たらちね」には、それが見事に表されています。

この噺は、長屋の八五郎のところに「さるやんごとなきお屋敷につとめていた」女性が嫁入りしてきて、二人のことばのちぐはぐが随所で珍騒動を引き起こすという抱腹絶倒の作品になっています。嫁が、あさげのしたくに、ちょうど通りかかった物売りをつかまえ、つぎのセリフを投げかけるのですが、お分かりになるでしょうか。

おのこやおのこ、そもじのたずさえし「ひともじぐさ」、あたいなんせんめなるや？

答えは「お兄さんお兄さん、あなたのもってらっしゃるおネギ、それおいくらなの？」といった感じでしょうか。ここで問題になる女房詞は、「そもじ」と「ひともじぐさ」ですね。そもじは「そなた」からきていますが、「ひともじぐさ」は一文字で書ける草の意。ネギは一文字ではないのにとお思いかもしれませんが、実はネギは、当時「ぎ」とのみ呼ばれていたようですし、そうでなくても「葱」の一文字ではあるわけです。いずれにしても、下町気質のいなせなお兄さんに、女房詞で語りかけるようなこのぶっ飛んだおもしろさ、ぜひ一度、「たらちね」全編をお聴きになってみてください。

それにしても、この「〜もじ」形の女房詞、こうまでトンチンカンなお話しにならずとも、私の生まれ故郷である高知県の土佐弁などには、さりげない形で立派に残っています。

今となっては、よく母が「おすもじ食べるかね」と言っていたことが思い出されてなつかしいのですが、これも「すもじ」つまり「寿司」の女房詞にさらに「お」がついたものだったわけですね。もちろん、当時の高知では、寿司は江戸前ではありませんので、江戸流に言えば「まぜごはん」になるのでしょうか。そんなわけで、私の中には、長いあいだ「寿司」と「おすもじ」とはまったく別の食べ物としてインプットされておりました。

「～もじ」ことばには、ほかにも「お目にかかる」の「おめもじ」や、お腹がすいたときの「ひもじい」などがあげられます。「ひもじ」は、空腹を意味するかつての「ひだるい」からきていますが、空腹を空腹としてダイレクトに語るのはいかにもカッコ悪いので、「ひのつくあのことばのような状態です」と間接的に語れるのは、大いに喜ばれたのかもしれません。

その他、女房詞には「筍」を「たけ」、「松茸」を「まつ」と呼ぶような「省略ことば」や、色や形から「醤油」を「むらさき」、「素麺」を「しらいと」や「ほそもの」、「カマス」を「くちぼそ」と呼ぶ「言い換えことば」、さらには「あえもの」を「みそみそ」、「団子」を「いしいし」と畳語のようにするものなどいろいろとありますが、さしあたり、和語・漢語の二重性にジェンダー・ギャップがからみ、ついにはこうした女房詞をも生じるようになったというところまでとどめておくことにいたしましょう。

第四章

日本語は拡張する

やまとことばの起源とは

さて、これまでは、原日本語がその表記法に、まったく異質な中国語を採用したことから生じた「二重言語」としての紆余曲折をたどり、「万葉仮名」「ひらがな」「カタカナ」の考案、そこにまつわる「漢字の優位性」、そしてそれをさらに強化してきたジェンダー・ギャップが「女房詞」を生むいきさつなど、順にながめてきたわけですが、このあいだ、日本語は、中国語を換骨奪胎（かんこつだったい）する「翻訳語」として発達してきたとも言えるでしょう。オリジナルな種（たね）がそのまま自然発生的にスクスクと伸びてゆくのではなく、そこに外来のものが接木されながら成長する――今度はその観点に立って、先祖たちが外部から移入した言語を、どのように自家薬籠中のものにしてきたのか、具体的な文や語彙のレベルにも焦点をあてながら考えてゆくことにしてみましょう。

紀元四世紀ごろに大陸から漢字が伝えられたことについては、すでに触れ、それ以前からこの島国で話されていた言語を、仮に「原日本語」もしくは「やまとことば」と呼び、さらには

「漢語」に対立させて「和語」と呼んでまいりました。では、この原日本語とは、どのようなものだったのか。もちろん、文字のない時代でしたから推測するしかないのですが、かなりの部分は、この時代のことを事後的に記録した記紀万葉や『風土記』のたぐいから再現できますし、そこには現代的な解明をほどこすこともできます。たとえば、あの「伊邪那岐（いざなぎ）」「伊邪那美（いざなみ）」の二神がいて、さらに、古くから「翁（おきな）」「媼（おみな、おうな）」の呼称があったとすれば、かつては「き」が男性を意味し、「み」が女性を意味していたのではないか、などと推測していくわけです。

そうした手順で、この「原日本語」をひたすら追究し、ついに日本人の原点にたどりつけば、「大和魂（やまとだましい）」の何たるかが分かるだろうと考えるのは見やすい道理ですが、なかなかそううまくはいきません。おそらく、この道を最も見事にたどってみせたのは、これまた本居宣長でしょうが、残念ながら彼でさえ、さほど首尾よくいっているとは言えないようです。たとえば、『古事記』の冒頭にはこうあります。

天地初発之時、於高天原成神名

宣長はこれを「あめつちのはじめのとき、たかまのはらになりませるかみのみなは」と読み、「天地は阿米都知の漢字にして、天は阿米なり」と注釈し、この天は、「天帝」「天道」「天理」「天命」などの意に解してはならないとしています。つまりは、漢語がもつ「唐心（からごころ）」にまどわされてはいけないという諌（いさ）めのことばであり、しごくもっともな指摘ですね。ただし、せっかくのその諌めも、そもそも『古事記』に残された漢字列をどう読みくだすかという大元にまでもどれば、「天」の意どころではなく、さまざまな解釈問題にからめとられることになるでしょう。先ほどの宣長の読みくだし以外にも、つぎのようなものが考えられます。

あめつちはじめてあらはれしときに、たかあまのはらになれるかみのなは
あめつちはじめのとき、たかまがはらになるかみのなは
あめつちはじめておこりしとき、……
あめつちはじめてひらけしとき、……

いかがでしょう。結局、原日本語としての「やまとことば」も、実は、漢語によって事後的に意識させられ、復元＝創作されたものであって、一義的には決められないことになりはしないでしょうか。つまるところ日本語は、外部を介してしか自分自身を捉えられず、無邪気に自然発生的な起源へとさかのぼることのできない根本的な翻訳語としての宿命を背負ってしまっ

ているわけです。

十までの数をどう読むか

というわけで、私たちはこの「原日本語＝やまとことば」へのこだわりを捨て、最初から与えられてしまっている和語と漢語とのからみあいを、まずは正面から見すえてゆかねばなりません。ここで、それを考えるのにうってつけの例として、まずは皆さん、十までの数を数えてみてください。

ひとつ、ふたつ、みっつ、よっつ、いつつ、むっつ、ななつ、やっつ、ここのつ、とお

いち、に、さん、し（よん）、ご、ろく、しち（なな）、はち、く（きゅう）、じゅう

おもしろいことに、口頭でこの質問をすれば、「十（とお）までの数を」と言うか「十（じゅう）までの数を」と言うかで、誘導尋問になってしまいますが、あなたは、どちらの系列で数えられたでしょうか。「ひとつ」「ふたつ」の方が和語で、どことなくあどけない感じになり、「いち」「に」の方が漢語で、きびきびした感じになりますね。

ところで、さらに十一から先に進もうとすると、和語で数えてきた方々はどうされますか。そこから先は、やはり漢語の「じゅういち」「じゅうに」となり、和語は出てこないのではないでしょうか。はたしてこれはなぜなのか。よく、世界の少数民族の中には数の概念が発達しておらず「一」「二」「三」と数えた後は、ひとしなみに「たくさん」となって、それで終わり、といったケースもありますが、ひょっとすると和語にもまた「とお」以上の概念がなかったのでしょうか。

いやいや、そんなことはありません。私たちが継承することを忘れてしまっただけなのです。すでに「なみ」ということばをめぐってお話ししたように、漢語は分析的で造語力も高いため、和語を駆逐する傾向にあるということでしたが、その結果、ここでも十一以降を漢語がすっかり独占してしまったというわけです。和語で数えるとすれば、十一は「とお（を）あまりひとつ」、十二は「とおあまりふたつ」、二十一は「はたちあまりひとつ」、三十一は「みそぢあまりひとつ」となります。たしかにこれでは、現代数学を「はたちあまりふたつ、かける、みそぢあまりよっつ」なんてやってはいられませんよね。

ともあれ、話をもどして、もう一つの漢語読みの方ですが、「四」が「し」と読まれたり「よん」と読まれたりする。あるいは、「七」が「しち」と読まれたり「なな」と読まれたりする。さらには「九」が「く」と読まれたり「きゅう」と読まれたりする。これは何だろうという問題が残ります。まず「四」の方ですが、実は「よん」は漢語ではなく、和語系列の「よっつ」の仲間なのですね。「ひとつ」「ふたつ」「みっつ」「よっつ」の数え方は、本来の「ひと」「ふた」「み」「よ」という数え方に接尾辞の「つ」がついたものと考えられるので、この「よ」が借用され、それが少し変形して「よん」になったものと思われます。

なぜ借用されたのかについては、たとえば、「二個」「三個」はよくても「四個」を「しこ」と読むと分かりにくい、もしくは、「四回」や「四階」を「しかい」と読むのもなんだかなあ、というところからくるのでしょう。また、後にあらためてお話しすることになるでしょうが、わが同胞は、ことばの縁起かつぎにも敏感ですので、「四」＝「死」を連想して読み変えたのかもしれません。いずれにしても、「よん」については、漢語系列への和語系列からの借用ということになるでしょう。「なな」についても同様、和語系列からの借用です。ところが、「九」が「く」とも「きゅう」とも読まれることについては、中国語の移入にまつわる重要な問題がからんでくるのです。

「呉音」「漢音」「唐宋音」

では、この問題を考えるために、少し唐突かもしれませんが、今度は「和尚」ということばを声に出して読んでみてください。そう、お寺にいる「おしょう」さん。でも、あの鑑真(がんじん)にこの呼称をつけて「鑑真和尚（＝和上）」とするとどうでしょう。「わじょう」と読むことになりますね。そればかりではなく、さらに「かしょう」とも読まれます。いったい、なぜこれほどに読み分けねばならないのでしょうか。鑑真さんが「わじょう」なら、「わじょう」の方が「おしょう」よりも偉いんじゃないだろうか、とか、「かしょう」ってあまり聞いたことがないから、ひょっとすると、もっと偉いのかもしれない、とか、いろいろ想像してしまいますが、なんのことはない、宗派によって呼び方が違うだけなのです。禅宗、浄土宗などは「おしょう」、真言宗、法相宗、浄土真宗などは「わじょう」、天台宗、華厳宗などは「かしょう」と呼ぶのだそうです。

でも、どうして宗派ごとにこうした呼称を使うのか。同じ表記の同じことばなのに、なぜ違った読みがあるのか。何かそこには他と差別化すべきありがた味でもひそんでいるのだろうか。あるいは宗派対立で、おたがいにゆずりあえない意地でもあるのだろうか、と、ここでもいろいろと思いめぐらすことになりますが、これまたなんということもなく、それぞれの宗派がいつごろ大陸から伝えられた発音を採用しているのか、その違いによって生じている出来事にすぎません。

つまり、大陸からさまざまな文物が伝えられる際、それらを示す漢語の読みが、時代によって大きく違っていたというわけで、さっきの「和尚」について言えば、一番早く伝えられたのが「わじょう」。この読み方は、中国の三国時代、「呉」の国の音に代表されるものだったので「呉音」と呼ばれています——と、ものの本にはよく書かれていますが、本当はそれよりもはるかに遅い六朝時代後期の音であったと思われます。これが大々的な漢字伝来の第一波にあたり、五〜六世紀ごろになるでしょうか。

つぎにくるのが「かしょう」で、この読み方は「漢音」と呼ばれます。おおよそ七〜八世紀ごろ、「唐」の都・長安に渡った遣唐使や留学僧たちによって伝えられたものですが、唐の時代の音を「漢音」と呼ぶのは「漢」が中国の総称と考えられていたからでしょう。

そして最後にくるのが「おしょう」で、これは「唐音（とうおん）」あるいは「宋音」あるいは「唐宋音」と呼ばれます。ここで「唐音」と言うと、先ほどの唐時代の「漢音」とまちがえそうで心配ですが、どうやらこれも、当時の日本で中国を「唐（から）」と呼びならわしていたからにほかなりません。おおよそ「宋」「元」「明」などの時代にあたり、十世紀以降になります。ちなみに、この王朝名の「明（みん）」はもちろん唐宋音ですが、漢音で読むと「めい」（照明）、呉音で読むと「みょう」（明星）となるところですね。おそらくは、呉音の時代に「myo」に近い中国音であったのが、漢音の時代に「mei」、唐宋音の時代に「min」に近い音となり、それをわが先祖たちは「ミョー」「メイ」「ミン」と表記してきたわけで、「和尚」にしても「wajo」「kwasho」「wosho」のような音変化をしてきたものと思われます。

なるほど、こうした言語音の視点から仏教各派を眺めなおしてみれば、仏語として呉音を多用する派は、古いというか長い伝統があり、漢音、唐宋音を多用する派は、それに応じて次第に新しくなってくるということが、よく分かるようにもなるでしょう。

いずれにせよ、呉音と漢音との区別を少し身につけるだけで、漢語のしくみは格段によく見えてきます。思いつくままにあげてみましょう。

	大	男女	米	白	行
呉音	だい	なんにょ	まい	びゃく	ぎょう
漢音	たい	だんじょ	べい	はく	こう

いかがでしょうか。おおざっぱに言えば、呉音で濁音だったものは、漢音では清音となり、鼻音であったものは非鼻音になる、といった多少の法則性も見てとれることでしょう。現在、私たちが使っている漢語には、圧倒的に漢音が多く、やはり呉音は少し古臭く、抹香臭い感じもしますね。また、唐宋音は、ぐっと少数派になり、全体的な音変化について語るほどの体系性をなしていませんので、ここでは省いておきましょう。ほとんどが鎌倉時代以降、禅僧や長崎商人たちによって具体的な品物とともにもちこまれた語彙となりますから、さしあたり「行（あん）

灯（どん）」「胡散臭（うさんくさ）い」「銀杏（ぎんなん）」「西瓜（すいか）」などをあげておけばいいでしょうか。

さて、こうした読みを通覧したところで、再び、棚上げにしてあった数の数え方のところに帰ると、「く」と「きゅう」との関係はすっきりと見え始めます。

	一	二	三	四	五	六	七	八	九	十
呉音	いち	に	さん	し	ご	ろく	しち	はち	く	じゅう
漢音	いつ	じ	さん	し	ご	りく	しつ	はつ	きゅう	しゅう

つまるところ、今日の私たちの漢語的な数の数え方は、呉音でなされており、「く」の部分だけは、聴き取りにくい場合や「九」＝「苦」と連想するような場合に、ちょいと漢音の「きゅう」を拝借していたのだということが分かるでしょう。たかだかこんな小さな出来事の裏にも、中国語における言語音の変化や、日中間のたび重なる文化交流という広大な歴史的背景が横たわっているわけですね。

読みの違いで意味も変わる

こうした次第で、大陸からはさまざまな文物とともに多くの「語」が移入され、その時々の中国語音が、漢字の音として日本語のうちにとどまりました。つまり、日本では、同じ漢字・漢語に対し、時代をへだてて伝えられた複数の読みと意味とが蓄積され、いつのまにか、一つの漢字に、いくつもの違った読み方が生じ、その読みに応じて、意味も大きく変わってくることになりました。たとえば「分別」と書いて「ぶんべつ」と読み、（ゴミなどの）仕分けをさす場合と、「ふんべつ」と読んで、道理をわきまえることをさす場合とで使い分けるといったことですね。これは本家の中国では見られない特徴です。彼らにとって「bunbetu」↓「funbetu」のような時代に応じた音変化は、その時代を生きている話者の意識にはのぼらないほどゆっくりと連続して進行し、それに応じて意味もまた、時代ごとに、その守備範囲を広げたり狭めたりしているだけなのだと言っていいでしょう。

してみると、私たちの先祖は、漢字から「万葉仮名」「ひらがな」「カタカナ」などを考案したのと同じ創意工夫をもって、ここでもまた、中国本土では気づかれなかった音変化から漢字に複数の読みをあたえ、その読みに応じて違ったものを表現する方法を手に入れてきたのかもしれません。おかげで、今日の私たちは、つぎのような漢語のおもしろい使い分けをしています。

一見したところ、ここの料亭では一見さんお断りのようですね。

十分も冷ませば十分だろうと思います。

心中おだやかではなく、心中しようかとも考えています。

一行は皆、一行ずつ寄せ書きをしました。

六根清浄を唱えると、心も清浄になるでしょう。

お追従まで言って追従したくはないよね。

これほど激しく変化するとは、まるで妖怪変化だね。

強力な粘着力を出すには、強力粉を練らなければならず、それには強力が必要です。

こうした熟語は、おおよそ漢音なら漢音ばかりで、あるいは呉音なら呉音ばかりで構成されているのが普通ですが、時には「元日」（呉音＋漢音）や「平家」（漢音＋呉音）のようなものも見られます。

最後の例はおもしろいですね。同じ「強力」という漢語が、「りょく」の漢音と「りき」の呉音との対立で別の語になり、さらに、「きょう」の漢音と「ごう」の呉音との対立でまた別の語になっているわけです。

この場合、「強力」の意味内容はさほど変わるわけではありませんが、時には、こうした変化でガラリと変わってしまう語も出てきます。たとえば、「快楽」を漢音で「かいらく」と読めば、私たち凡俗の徒がもとめる「気持ちよく楽しむこと」とか、「欲望の満足によっておこる快い感情」とかということになりますが、これを呉音で「けらく」と読めば仏語となり、一転して「煩悩を超越した無我のよろこび」を指すことになってしまいます。

これは、先ほどお話ししたように、一方では、本家の中国にもない高度に差異化された言語表現であるとともに、時として煩雑にもなり、また、ある種のつまらぬ教養のひけらかしを誘うものにもなるでしょう。高僧いわく、「これは食堂（しょくどう）ではなく、食堂（じきどう）というのじゃ」。愚者答えて、「だからなんだと言うのです？」

読みの迷宮

さて、「呉音」「漢音」「唐宋音」といった漢語間での読みの違いをめぐり、中国語の移入プロセスをながめてきたところで、さらにそれらの漢語を和語風に読み変えてゆく訓読について考えてみなければなりません。私たちは、すでに万葉仮名をめぐって「石激（いわばしる）」について言及していましたが、訓読とは、漢語が入ってきたときに、この語の意味に近い原日本語をもってきて、それをそのままこの漢語の読みにしてしまうというものでした。「生物（セイブツ）」という漢語を「いきもの」と読み、「一月（イチガツ）」を「ひとつき」と読むわけですね。

おかげで、外来の疎遠だった漢語も、とたんに親しみやすいものになってきます。ただし、その漢語の意味に近いと思われるものが、いつのまにか慣用によって「訓」になるのだとすれば、とりたててどんな採用基準もないのですから、いきおい訓読の数は増加の一途をたどります。先ほどの「生物」も「いきもの」だけではなく、「なまもの」とも読まれることになるでしょう。そもそも、この漢語のエレメントになっている「生」そのものが、漢字の中でも最多の訓読みをされていて、「いきる」「いける」「うむ」「おう」「はえる」「き」「なま」……となり、ここに漢音の「セイ」と呉音の「ショウ」が加わるのですから、そこから生じてくる熟語の可能性もおして知るべしですね。「下」なども負けてはいません。「カ」「ゲ」「した」「しも」「もと」「さげる」「くだる」「おろす」……。

こうしたエレメントは、本来は、音読み同士、あるいは訓読み同士がくっついて熟語になるものですが、なかには、学校で習った「重箱読み」「湯桶読み」というのもありました。覚えておいででしょうか。「重箱」の「ジュウ」が音読み、「ばこ」が訓読み、「湯桶」の「ゆ」が訓読み、「トウ」が音読みと、上下がちぐはぐになるものでしたね。そこからすると「番組」「本屋」「台所」「残高」などは重箱読み、「見本」「夕刊」「株券」「場所」などが湯桶読みになるわけです。「夜中」には、音読みの「ヤチュウ」に、訓読みの「よなか」、さらには「よジュウ」の湯桶読みまでがそなわっています。逆に、「後々」には「あとあと」や「のちのち」の訓読みしかありません。

ついでに、おもしろい例をもう一つつけ加えておくと、「湯湯婆」。はたしてこれ、読めますか。答えは「ゆたんぽ」ですが、なんとこのことばは「訓+唐宋音+唐宋音」という世にもまれなる構造になっているのです。それというのも、室町時代のころでしょうか、日明貿易で、「湯婆（タンポ）」というまさしく「湯たんぽ」の原型のようなものが伝えられたらしいのですが、わが同胞にとって「タンポ」という音だけではまるで正体がつかめません。「湯（タン）」は湯（ゆ）を意味し、「婆（ポ）」が母や年老いた女性一般を意味するところから、これは母のようにじんわりと温めてくれる道具という名称でしたが、それが分からないとすれば、せめて湯を入れて使うものであることくらいは示そうとして、頭に「湯（ゆ）」を加えたというわけです。いや、それにしても、「湯たんぽ」と「日明貿易」、ことばのルーツは興味ぶかい関係を教えてくれるものですね。

ところで、小学校時代には、こうした漢字の読み取り練習として、よく熟語に「ふりがな」をふりなさいという問題が出されたものでしたが、たとえば「紅葉」のよこに「紅葉（こうよう）」とふるのはいいとしても、「紅葉（もみじ）」と書いて、はたして「紅」は「もみ」とか「も」とか読まれたり、「葉」が「じ」とか「みじ」とか読まれたりするのかなあ、と不思議に思われた方もいらっしゃるのではないでしょうか。幼き私は、担任の先生に質問しにいったのですが、結局、納得のいく説明はいただけなかったことを思い出します。

　ともあれ、これについては、「訓」というものの原理さえ知っていれば、難なく理解できることでしょう。つまり、どれほどの漢字列に訓を対応させるかというだけのことですね。「紅葉」の「紅」に対応する訓を「べに」とし、「葉」に対応する訓を「は」として「べには」と読んだのなら、それは漢字一つ一つに「ふりがな」をあてることができますが、「もみじ」は「紅葉」という二字熟語の全体をひとかたまりにして、これをそのままひとかたまりの和語に置きかえたものですから、熟語を構成している漢字ごとに分解することはできません。「今日（こんにち）」を「きょう」、「明日（みょうにち）」を「あす」や「あした」、「菖蒲（しょうぶ）」を「あやめ」と読むような場合も同じことですね。

　もちろん、「下手」を「へた」と読むような場合にも、なるほどそれぞれの漢字に一音ずつが対応するかのようにも見えますが、「下」を「へ」、「手」を「た」と読んでいるわけではないのです。さらに長い漢字列に対応する訓読として三字熟語や四字熟語の例を考えてみるといいかもしれません。「十六夜（いざよい）」「明後日（あさって）」「一昨昨日（さきおととい）」……結局、これら二字熟語以上の漢字列につけられた訓読みは、「熟字」に「訓」をつけたものとして、ひとしなみに「熟字訓」と呼ぶのがよさそうです。

よく漢字クイズなどにとりあげられて、「このことば読めますか?」などと問われるのは、こうした熟字訓のおもしろい例ですね。つぎのものなどいかがでしょうか。「小豆」「笑顔」「叔父」「伯母」「硫黄」「玩具」「母屋」「神楽」「蚊帳」「為替」「如月」「今朝」「雑魚」「流石」「羊歯」「玄人」「築山」「一寸」「雪崩」「二十歳」「土産」「猛者」「山葵」「御手洗」「浜木綿」「お神酒」「最寄り」「相応しい」「凛々しい」。

では、最後に少しお座興として、トンチ話のような漢字の読みもご紹介しておきましょう。いつごろ誰が使ったの使わなかったのと、あまり学問的な話にはなりませんが、たとえば「春夏冬」と書いて「あきない」、つまり「秋」がないので「商い」と読ませたというようなものです。しかし、冗談というなかれ、今日でも人名にはこう書いて「あきなし」さんと称するれっきとした登録者がいらっしゃるとのこと。私自身が実地に調べたわけではないので、この段落だけは話半分に聞き流していただきたいのですが、「月見里」と書いて「やまなし」さん、「小鳥遊」と書いて「たかなし」さん、「四月一日」と書いて「わたぬき」さんになるそうです。この理屈、お分かりになりますか。そう、お月見にふさわしい里は邪魔になる山のないところですし、小鳥たちが遊ぶところには恐い鷹などいないでしょう。また四月一日、つまり春になると着物の綿を抜くから……というわけで、どの名前からもユーモラスな家族の姿を想像してしまいますね。

「キラキラネーム」も訓読から生まれた

さて、ここまでくれば、あの万葉仮名から始まって漢字を自家薬籠中のものにしようとしてきたわが先祖たちの涙ぐましい努力もようやく実り、ついに、こうした遊びごころをもつだけの余裕もできたというわけで、めでたい限りではありますが、手ばなしで喜んでいるわけにもまいりません。今度は、漢字に対する訓読みの対応関係が自由になりすぎて、どう読んでいいのか決められなくなってきているのです。先ほどのトンチ苗字などはさておくとしても、最近はここにいわゆる「キラキラネーム」も加わり、われら教員にとって、生徒さんたちの出席を取るのも一苦労となっています。

もちろん、これまでにも「佐藤駿」くんを「しゅん」くんと呼ぶと「はやお」ですとなおされ、それならばと、「鈴木卓」くんを「すぐる」くんと呼ぶと「たく」ですとなおされることはありました。しかし、今や、そんなレベルではありません。「田中希星」とあるので「〈きせい〉さんかな。〈願う〉という意味の〈希望〉の〈希〉に〈ほし〉という字が書かれているんだけれど……」とたしかめると「きらら」ですという答えが返ってくる。あるいはまた、「小林大空」とあるので「〈おおぞら〉くんかな、それとも〈だいくう〉くん、もしくは〈たいくう〉くんかな」とたずねると「そら」ですといったぐあいです。

ことほどさように、ためしにネットで「キラキラネーム」を検索してみると、あるわあるわ膨大な数の実例がヒットします。もちろん、ネット上の記述には検証が必要で、これらをそのまま実在すると信じるわけにはいきませんが、ここではおおざっぱなイメージと傾向とがつかめればいいので、私自身が遭遇したおもしろそうな例もまじえながら、いくつか列挙してみましょう。読めますか？

「大空」「空星」「輝星」「綺麗」「希良良」「光」「騎士」「天使」「皇帝」「詩」「母恵夢」
「角輝」「天羅」「月雫」「紗音瑠」「華美」「輝弥」「詩空」「男」「美音」「今鹿」「愛莉」
「七音」「七海」

「大空」はさっき「そら」だと書いてあったじゃないか、忘れたのか、と叱られそうですが、そうではなく、これは「スカイ」くんであるとのこと。むしろ、つぎの「空星」が「そら」くんなのだそうです。でも、空の星までが「そら」というのならば、空にあるものはすべて「そら」になる理屈で、「空月」も「空雲」も「そら」くんになるでしょう。また、先ほど「希星」が「きらら」さんだったわけですが、つぎに並ぶ「輝星」も「綺麗」も「希良良」もすべて「きらら」となり、「光」までが「きらら」と呼ばれる例もあるようです。こうなると、かつては「ひかり」くんや「ひかる」くん、せいぜいでも「こう」くんや「みつる」くんでしかなかった読みが、思いつくかぎり自由に拡張され、漢字と読みとの対応関係が、ひどくいい加減になるわけですね。

　そのうえ、「スカイ」くんの訓読みはもはや和語ではなく、英語のカタカナ表記になっています。そしてこのての訓読みは、英語あるいは欧米へのあこがれからか、いっそう増えてもいるようです。「騎士（ナイト）」「天使（エンジェル）」「皇帝（シーザー）」「詩（ポエム）」……。これらは、あの万葉仮名の「石激」と同じく、意味による訓読みですが、もちろん「余能奈可波」のような字音による訓読みも行われます。「母恵夢（ポエム）」くんはこちらの例になるでしょう。そういえば、この名前、愛媛県の銘菓にも使われていましたが、ひょっとすると、命名したご両親は、詩よりもむしろこちらの味を連想していたのかもしれませんね。音写の形としてはもちろん、一字一音だけではなく「角輝（カクテル）」くんのような例もあります。

　同じ要領で「天羅（テラ）」「月雫（ルナ）」「紗音瑠（シャネル）」とくれば、英語どころか、ラテン語やフランス語のカタカナ表記になるわけです。かつては映画監督の内田吐夢（とむ）さんやフランス文学者の山田爵（じゃく）さんなどが、日本名をそれとなく「トム」や「ジャック」にも汎用できるようにしていたのに対し、今では、外国名の方が中心になって、そこに漢字をこじつけ、カリグラフィー風に飾りたてているように思えます。

そうした装飾性からみれば、「華美（はなび）」「輝弥（かぐや）」「詩空（しずく）」など、なかなかの工夫がはらわれてもいますが、ただ、「詩空」にはフランスの雰囲気をあしらった「シエル」という別のおしゃれな創作もあるのだとすれば、意匠だけが競われて、やはりどう読み分けるかという言語の生命線が忘れられていることになるでしょう。

「男（アダム）」というのは、いかにアダムが男性の代表だとしても、普通名詞の漢字と固有名詞としてのカタカナ書きへブライ語との意味の守備範囲があまりにも違っていますし、「美音（リズム）」と「美音（メロディー）」とでは、命名者の主観のへだたりが過ぎるというものです。「今鹿（ナウシカ）」「愛莉（ラブリー）」「七音（ドレミ）」「七海（マリン）」などは、ほとんどあのトンチ苗字と同じような発想になるでしょうか。

もとより、訓読み自体が、漢字や漢語におおよそ対応しそうな和語をはりつけてできたものでしたから、こうしたはりつけにはこれといった決まりはありませんが、ここまで慣用的な対応関係のタガがはずれると、ディスコミュニケーションが高じて反感さえ買いかねません。命名とは、本来、あるものを他のものから識別し、誰もがそれをそれとして同定できるようにする重要な行為ですから、大切な存在には、かえって読みやすい命名をする方が理にかなっているのではないでしょうか。

生み出された膨大な「新造漢語」

ともあれ、キラキラネームの是非はご両親の判断にゆずるとして、漢字・漢語をここまで自在にあつかえるようになったわが同胞は、いきおい、必要に応じてみずからの手で新たな漢字をも創造しようといたします。

皆さんは、寿司屋で出された湯呑みの側面に、さまざまな魚の名がびっしりと書き込まれているのを見たことがおありでしょう。「鮪」「鰹」「鯛」「鯵」「鯖」「鰯」「鱵」「鮊」「鱈」「魬」「鰈」「鮃」「鰤」「鯥」「鮎」「鮭」「鱒」「鰊」「鱧」「鰻」……と。これら魚偏の漢字のほとんどは日本製であり、現在の中国で使われているものがあったとしても、それはほぼ日本からの逆輸入であるということ、ご存じでしたか。もちろん海洋国家としての日本の面目躍如というところですが、さすがに、そのおびただしい数には「ギョッ」と驚き、リストの最後には和製の誇りをもって「魚名魚字」の「御名御璽」をいただきたくもなるでしょう。こうした漢字は、「和製漢字」もしくは「和字」や「国字」と呼ばれています。

国字には、よく知られているところで「峠」「裃」「辻」「畑」「籾」「働」「国」「糀」「腺」「辷」「噺」「匂」「枠」「凪」「凧」「凩」「凬(ふぶき)」「雫」「𩅧(しぐれ)」「鴫」「麿」……等々があります。とりわけ「峠」や「裃」などは、上り下りの道程や上半身下半身の部位を表す「つくり」と、それが「山」にかかわるか「衣服」にかかわるかを表す「へん」とによって構成されていて、じつに合理的ですし、「凪」「凧」「凩」などもすべて風を表す「かぜかんむり」が下位区分されるしくみになっていて、それが止まれば「凪（なぎ）」、布切れのようなものを吹き上げれば「凧（たこ）」、木に吹きつけて枯らせてしまえば「凩（こがらし）」、雪が風にあおられれば「⿵几雪」になるわけです。さらには「⿰平民（へいみん）」「⿰左官（さかん）」「⿱雨寿」など二字熟語をそのまま圧縮したようなものもあり、その結果、偏が二重になった「榊（さかき）」のようなものまでが登場することになるでしょう。

漢字を移入し始めて以来、永年にわたってこれを習いながら、ついに、それらを構成するエレメント群をも熟知し、自由に組みあわせて新漢字さえ作れるようになった日本人は、こうして、さらに新たな漢語をも創造し、ボキャブラリーを増やすこともできる態勢にありました。やがてここに、その力を遺憾なく発揮できるおあつらえ向きの状況が生じます。幕末から明治にかけての西洋文化の流入です。これによって日本の漢語は大きく変貌することになるでしょう。

ご存じの通り、日本は一六三〇年代ごろから二〇〇年以上にわたって鎖国政策をとっていましたが、そのあいだに禁じられていた西洋の文物が、開国とともに、なだれをうって流れこんでくるのです。そこには、見たこともない珍品稀品もあったでしょうし、横文字で書かれた書物の中には聞いたこともない概念がぎっしりとつまってもいたでしょう。当然ながら、それらを訳すことばがありません。“photograph”と言われても「写真」という訳語はなく、“society”と言われても「社会」という訳語もありません。もちろん「文化」も「哲学」も「郵便」も

「恋愛」もないのです。このあたりの事情は、夏目漱石のつぎのような覚え書きにはっきりと表れています。

俗人ハ causality ハ independent ニ exist シテ居ルト思フ（断片四三 A）
law ハ nature ノ world ニ於ル如ク human world ヲ govern シテ居ル（断片五三 C）

いかがでしょうか。なんだか、現代の能天気なベンチャー・ビジネスマンが「わが社のコンセプトはITによるワールドワイドなストラテジーのノウハウをデベロップすることです」などとやっているような感じで笑ってしまいますが、まさか漱石ともあろう人が、いくら英国かぶれであっても、自分自身のための創作ノートにこんなメモを書きつけるのはペダントリーが過ぎるというもの。そうではなく、まさにこの当時、彼がここで英語のままにしている単語には、まだ適当な訳語がなかったからに違いありません。

ためしに、漱石が英語で記した部分を現代の語彙で訳してみると、順に、「因果性」「独立」「存在」「法（律）」「自然」「世界」「人間世界」「統治」ということになりますが、まさしくこれらは、その大半が幕末から明治期につくられた新造語だったということが分かります。

今でこそ「アームチェアにすわってニュースペーパーを読んだ」なんて言えますが、当時、英語を学び、こんなカタカナ語で話せる人など、はたして何人いたのでしょうか。当然ながら訳語が必要になり、そこに漢語が一役買うことになってきます。すでに第三章で「なみ」について言及しておいたように、漢語は分析力でも造語力でもすぐれていましたね。この力を借りて明治の人々は、「椅子 chair」「安楽椅子 sofa」「長椅子 bench」などとの共存と差別化をはかりながら "armchair" を「肘掛椅子」と訳したわけです。

もっとも「椅子」などは禅宗の語彙に由来する古いものですから、この訳語では「肘掛」と「椅子」との結びつきに新味があるのでしょうが、"newspaper" を「新聞」とする訳語の方は、れっきとした明治期の新造語でした。当初は "news" を「新聞」、"newspaper" を「新聞紙」とはっきり訳し分けていたようです。

そんなわけで、西洋からの文物の流入にともない、それらを名づけ翻訳するために、日本語の中には膨大な数の「新造漢語」が生み出されます。語根だけでもおよそその数一万。それが分かるのは、あのヘボン式ローマ字の考案者として知られるヘボンことJ・C・ヘップバーンが編纂した『和英語林集成』のおかげです。この辞書は慶応三年（一八六七）に初版が、明治十九年（一八八六）には改定第三版が刊行されますが、初版に漏れていたと思われる収録語を考慮したとしても、このあいだに増加した日本語の語彙がざっと一万強にのぼるのです。どれほど急速に新語が造られたか、容易に見当もつくでしょう。

一見したところ、西洋の「ハイカラ」な事物が入ってくるにつれ、古くさい漢語が増えるという逆説のようにも見えますが、なかなかどうして、こうした「新造漢語」は「洋風漢語」とも呼ばれ、当時の人々にとっては結構しゃれたものだったようで、「文明開化」や「西洋化」の香りをただよわせながら、京都の芸妓さんまでが、あまり意味の分からないままに漢語を使いたがったという記録も残っています（『都鄙新聞』明治元年、第一号）。世間ではそうした漢語を「陳糞漢語」あるいは「珍聞漢文」と呼び、そこから「チンプンカンプン」の表現が生じたという説もあるようです。

新造漢語の造り方

それにしても、当時のしかるべき人たちは、幕末・明治の短いあいだに、新造漢語をも含めたおびただしい数の翻訳語をどんな方法で作成していったのでしょうか。

当然ながら、①まずは、おおむね対応する現行の日本語で置き換える（citizen→町人）。②適当な訳語が見つからないときには、古い典拠から探してくる（deduction→演繹法〔『中庸』序より〕）。③あるいは、過去に用いられた語を変形して造る（economy→経済〔経世済民を短縮〕）。④さもなければ、同時代の中国語訳から借用する（revolution→革命）。これは、当時、中国には西洋とのつきあいに一日の長があり、すでに何冊もの欧華辞書が作成されていたからですね。

⑤さらには、漢字の音のみ、もしくは意味のみを使用する（beer → 麦酒）。そして、それでもなお適訳が見つからない時には、すっかり自力で造語することになりました（哲学、情熱、野球、喜劇、郵便）。

とはいえ、なんとか訳語が考案されたとしても、どこかのお役所に決定権があたえられているわけではありません。さまざまな人々の提唱する訳語は乱立し、時の流れとともに自然淘汰されてゆくことになるでしょう。たとえば、今では「社会」として定着している"society"という原語にも、明治の初期には三十近い訳語が考えられていたようです。「侶伴」「相伴」「寄合」「集会」「仲間」「交リ」「一致」「仲間」「懇」「仲間」「組」「連中」「社中」「会」「会社」「連衆」「交際」「合同」「社友」「人間交際」「政府」「世俗」……。

また、現在からすればおかしな感じのする「感慨する」や「熱心する」「矛盾な」などの言い回しもあり、「簡単」が「単簡」、「絶滅」が「滅絶」、「秘密」が「密秘」と反転することもありました。もっとも、「石油」や「洋服」などは、現在よりも厳密に「石炭油」「西洋服」と呼ばれていたようです。

やがて主な名詞ができあがると、必要に応じて「する」をつけ、「保護する」「握手する」「会議する」などサ行変格活用の動詞を作り、「鬱憂（憂鬱）な」「栄光な」「円滑な」などの形容句を量産してゆきます。さらに、「的 -tic」「性 -ity」「主義 -ism」「化 -ize」などをそえて、

「象徴」「象徴する」「象徴的」「象徴性」「象徴主義」「象徴化」といった一連の品詞や観念語を生み出してゆくことになるでしょう。

こうして、翻訳の必要性から生まれてきた新造漢語たちが、あの漱石の覚え書きで原語のままにおかれていたような部分を埋め、日本語を豊かにし、「詞―辞」構造の「詞」の部分を占めてゆきます。もっとも、これらの新造語を用いて「哲学における概念の定義が」云々と言われても、当初はそれら「哲学」「概念」「定義」といったことばの中身が分かりません。これは「philosophy における concept の definition が」と言っているのと大差なく、そのため、これらの新造漢語が普及して、その内実がしっかり理解されるためには、それなりの時間と、普及の努力が必要になりました。

たとえば、西洋から"love"ということばがもたらされた時、先人たちはかなり苦労したように見受けられます。なにしろ、当時の日本語には「恋愛」ということばもなければ、「愛する」という現代的な表現もありません。たしかに「愛」も「恋」もことばとしてはあったのですが、今日のものとはかなりおもむきを異にしていたようです。「愛」は現在の「愛着」ということばからうかがえるように、かなり「執着心」に近く、仏教的煩悩の一つとでもいうべきものでした。また、「恋」の方も日本的な色彩が強く、当時流入してきた西洋近代小説の清新な純愛や、古典に想を求めた騎士道的恋愛などを表すには、どうにも不向きなことばであったように思われます。

『心中天網島』とまでは言わずとも、あの『源氏物語』などを参照してみても、わが国の恋では、恋人たちが、かなりすんなりと肉体関係に入るでしょう。光源氏が牛車の中からかいま見たどこかの姫が気に入ったとなると、従者に命じて、今夜そっと訪ねて行くからよろしくね、という調子で、あっという間にねんごろになってしまうわけです。

ところが、スタンダールの『赤と黒』あたりを見れば、ねんごろになる前にかなりの葛藤や逡巡が生じ、ジュリアン・ソレルがレナール夫人の手を握るまでの緊張した心理描写がスリリングに描き出されていたりもします。

騎士道物語ともなれば、騎士は城主の奥方に命がけの愛を誓うのですが、彼女と褥(しとね)をともにするなど論外で、その掟を破れば、待っているのは騎士ランスロットのような運命です。まあ、これをプラトニックというつもりもありませんし、プラトニック・ラヴの本義からいえば同性愛でもありますから、それはさしおくとしても、こうした当時の日本的な恋とは一味違ったものを、同じ「恋」と呼ぶにはいささか抵抗があったように思われます。

そこで"love"の訳語として考案されたのが「恋」と「愛」とをつなげた「恋愛」。誰がいつ思いついたのか定かではありませんが、すでに中村正直の『西国立志編』(明治三年・一八六〇)には用例があり、飛田良文さんによれば、明治二〇年代になって流行し始めたものらしく、普及には島崎藤村などの作家たちも大いに貢献したようです。こうしたプロセスを経てそこから一五〇年ほどの時がたち、今では「恋愛」もすっかりおなじみのことばとなって、「愛する」といった表現も、ようやく一般に使われるようになってきたわけですね。実際、かく言う私などの世代は、いまだに「愛してる」といったことばは使いにくいのですが、今の若い人たちにとっては何の抵抗感もなくなっているでしょう。

翻訳語としての光と影

このようにして、幕末・明治期に翻訳語として考案された新造漢語は、目新しい文物を命名し、これまでになかった概念を規定し、それによって私たちに新たな思考空間を切り開く可能性をもたらしました。そのおかげで、わが同胞は、うって一丸（いちがん）となり、ともに明治維新を乗り切れたのだということもできるでしょう。つまり、日本語が、もともと膠着語であって「詞―辞」構造をなしており、しかも永年にわたって詞の部分に新奇な漢語を取り入れる習慣を身につけていたため、ここに今度は、西洋語の訳語である新造漢語をもたやすく受け入れることができたわけです。いわば、テニヲハの鋳型の中に、つねに新たな概念が注ぎこまれてきたわけですね。

もちろん、先ほど触れておいたように、当初は「哲学における概念の定義が」云々という表現をしても「philosophy における concept の definition が」と言っているに等しく、わずかに分かることと言えば、「哲学」は「学」というからには何かについての学問なのかな？「概念」には「念」があるので何かの「思い」なのかな？「定義」もまた「定」からすると「決まりごと」にかかわるものなのかな？と言うほどのことであったのかもしれません。いわゆる「一知半解」という状態ですね。

明治期には、こうした表現をすんなり理解できた者はごく少数にすぎず、ほとんどの人々はこの一知半解の状態であったと思われますが、それでも結構。たとえ新造漢語の意味が半分しか理解できなくとも、さしあたりテニヲハさえしっかりしていれば、それなりに日本語としての体裁はととのっています。個々人の理解度は「一知半解」であったり「一知四分の一解」であったり、いろいろだったかもしれませんが、人々は皆、まがりなりにもこうした新奇な日本語を咀嚼(そしゃく)しながら、うって一丸、ともに母語によって明治の大転換期をのり切ることができました。あとはこの「一知半解」を少しずつ完全な理解へと導けばいいだけの話です。

こうした言語的な幸運にめぐまれなかった国々では、どうなったのでしょうか。当然ながら、近代化にともなうさまざまな概念も語彙も、テニヲハや新造語によって自家薬籠中のものにすることはできず、結局、高等教育はいずれかの欧米語によって行わねばならなくなったり、一部のエリートが無知な大衆を指導するような社会をもたらすことになったりしたわけです。わが国が比較的平等な社会でいられたのも、現在まで母国語だけですべての思索をまかなってこられたのも、日本語の構造や歴史によるところが大きかったのかもしれませんね。

もっとも、テニヲハの鋳型のおかげで、詞の部分には「容易に」さまざまな語が取りこめるということは、それは同時に、「安易に」取りこめるということでもあり、これが日本語の弱点にならないとも限りません。

「霹靂」校長と「冥福」村長

いつだったか、ある小学校の校長先生が、運動会開催のあいさつで「本日は晴天の霹靂にめぐまれまして……」とやって失笑をかったという話がありますし、古くは、とある田舎の村長さんが出征兵士の壮行会で「○○くんの武運長久」を祈る代わりに「冥福」を祈って万歳三唱し、生涯許されぬうらみをかったという話も残されています。なぜそんなことが起こるのでしょうか。当然ながら、校長先生にとっても村長さんにとっても、これらの漢語がテニヲハの鋳型の中に取りこまれながら、一知半解のままだったわけですね。

それでも使いたくなるのはどうしてなのか。それは、こうした漢語が、ちょっぴり疎遠な外来のものであり、重々しくも複雑でカッコよく、意味内容までがどこか深遠なものに感じられたからではないでしょうか。そう、私たちはつねに、高度に発達した中国から渡来する文物にあこがれる外部指向性をつちかってきましたし、とりわけ漢語は、見た目にも画数の多いおごそかな「真名」でしたから、つい使いたくもなるわけです。一知半解でありながらも、ふと使いたくなるというこの現象を、柳父章さんはみごとに「カセット効果」と名づけました。「カセット」とはフランス語の「宝石箱（キャシェット）」を意味するようですが、柳父さんは新奇な翻訳語を、できたばかりの宝石箱にたとえてみるのです。

小さな宝石箱がある。中に宝石を入れることができる。どんな宝石でも入れることができる。が、できたばかりの宝石箱には、まだ何も入っていない。しかし、宝石箱は、外から見ると、それだけできれいで、魅力がある。その上に、何か入っていそうだ、きっと入っているだろう、という気持が、見る者を惹きつける。新しく造られたばかりのことばは、このカセットに似ている。（『翻訳とはなにか』24〜25頁）

これは先ほどの「新造漢語」を考える上でぴったりの指摘だと思いますが、新造のものに限らず、どんな漢語であっても、私たちがそれを身につける場合には、同じことが言えるでしょう。たとえ意味があいまいであっても、内容空疎であっても、なんとなく魅力的で惹かれることば、これはまたその後、ドイツの言語学者ペルクゼンが「プラスティック・ワード」と名づけることにもなりました。つまるところ、校長先生も村長さんも、このカセット効果にひかれてしまったというわけですね。

とはいえ、私たちもまた、この二人を笑ってばかりはいられません。もう二十年も昔のことになりますが、とある選挙戦のまっただなか、某有名政治家が「不倶戴天の決意でがんばってまいります」とがなりたてながら宣伝カーで走りまわっていたのです。もちろん、「不退転の決意」とまちがえているのは言うまでもありません。

「不退転」とは、辞書を引いてみると「信念をもち、何事にも屈しないこと」などと出ていますが、もとは仏教用語。功徳や善根を積み上げ、もはや悟りを失わぬ菩薩の境地にあることを指しているようです。これが「日々、勤行をおこたりなく続けること」となり、やがて現在のような意味になってきたのでしょう。

ところが、「不倶戴天」の方は『礼記』の「父の讐（あだ）は倶（とも）に天を戴（いただ）かず」からきたもので、ともにこの世では生きられない、また、生かしてはおけないと思うほど恨みや憎しみの強いことを表します。ですから、「不倶戴天の敵」というぐあいに使う。まあ、この政治家にも、たくさんの敵がいたのでしょうが、誰もこのまちがった連呼を止めようとしなかったところをみると、案外、両者を区別できる人の方が少ないのかもしれません。

そんなこともあってか、昨今では、政治家や企業人たちのあいだで「遺憾」という漢語がさかんに使われるようになりましたが、これなどの濫用には、失敗談のレベルをこえて、一種の意図的なごまかしのようなものさえ感じられます。不祥事をおこした政治家も、会社ぐるみの不正が発覚した企業人も、「このたびは、大変遺憾なことで」などと詫びを入れたような記者会見を開きますが、これ本当にあやまっているのでしょうか。

英語にでも訳してみれば、「遺憾」は「残念（リグレット）」であって「ごめんなさい（アポロジャイズ）」ではないことが分かります。つまり、漢語のよそよそしさと重々しさとによって、あたかもフォーマルな形であやまっているかのように見せかけながら、実際にはそうではないという、なかなか巧妙な手口のように思われます。こうした傾向は法律用語やお役所言葉にも顕著ですが、漢語の裃を着た姿やカセット効果にはくれぐれも注意が必要ですね。

第五章 日本語は交雑する

漢語から欧米語への転換

前章では、自然発生的な起源までさかのぼることのできない根本的な翻訳語としての日本語が、それにもかかわらず、どのようにして漢字・漢語をも手なづけて自家薬籠中のものにしてきたのか、また、その道具を使って、わが同胞がいかにして幕末・明治期に西洋からおし寄せる荒波を乗り越えてきたのかをつぶさにながめ、そこで考案された新造漢語がテニヲハの鋳型の中にとり入れられて発揮する「カセット効果」や「一知半解」の問題点をも考えてみました。

現代にまで尾を引く「不倶戴天」「遺憾」などの誤用や悪用については、引き続き注意を要するとしても、若者にとって、もはやこれらは珍聞漢文（チンプンカンプン）。カセット効果を生むというよりは、最初から敬して遠ざけられるのがおちでしょう。むしろ現在、問題にすべきは、新造漢語に代わってテニヲハの間にちりばめられる欧米系の外来語になるでしょうか。先ほど、夏目漱石の覚え書きをご紹介するにあたって、ちょいと現代のベンチャー・ビジネスマンの物言いにも触れておきましたが、まさしくあのての使い方ですね。

わが社のコンセプトは、ＩＴによるワールドワイドなストラテジーのノウハウをデベロップすることです。

これはあの往年の大コメディアン「トニー谷」に始まり、現代の「ルー大柴」らに引きつがれてきた「ミーはユーをラブラブよ」式の物言いといってもいいし、よくよく考えてみれば、私たち大学人のおちいりやすい口調でもあるわけです。別の拙著にものせましたが、自戒をこめてもう一度。

デリダにおけるデコンストリュクシオンというコンセプトが、カンファレンスのパネリストたちにもミスアンダスタンディングされています。

いかがでしょう。かつてはテニヲハのあいだに漢語が挿入されていたところを、今や欧米系の外来語、いや、正確にいえば、外来語と、まだ外来語としては定着していないものと、後ほど言及する和製外国語などひっくるめて、いわゆる「カタカナ語」が席巻しており、漢語と同じように、いやそれ以上に、一知半解の状態を引き起こしているわけです。

漢語だと、「哲学」がなんであるかは分からなくても、何かの学問らしいという見当がつきました。「定義」が何かは分からなくても、どこか「決まりごと」にかかわるものらしいということは察知できました。でも、カタカナ語はそうはいきません。もちろん、英語やフランス語に通じた人なら、「デ・コン・ストリュク・シオン dé-con-struc-tion」や「ミス・アンダ・スタンド・イング mis-under-stand-ing」などの構成部分から、何らかの見当をつけることもできるでしょうが、漢語にくらべればごくわずかでしかないでしょう。

とりわけ第二の（大学人の）文などは、まさに「珍聞カタカナ文」であまり意味もとれませんね。もう少し身近な日本語にするとすれば、第一の文は、「わが社の理念は、情報技術による世界規模の戦略を発展させてゆくことです」、第二の文は、「デリダ（フランスの現代思想家）における脱構築という概念が、会議の討論者たちにも誤解されています」といったところでしょうか。少し重たい感じであっても、はるかに分かりやすくはなりますね。

では、カタカナ語など使わずに、できるだけ従来の表現にすればいいのに、とお考えの方も多いでしょう。まったくその通りなのですが、それにもかかわらず英語系を中心としたカタカナ語は増える一方です。なぜでしょうか。

当然ながら、まずは、幕末・明治以来の大転換、つまり、漢字伝来の昔から、つねに仰ぎ見てきた中国が、欧米列強によって「落ちた偶像」とされ、私たちの見習うべきお手本が、欧米各国へと移行したことにあるでしょう。

鎖国が解かれるきっかけになったのは米国からの黒船。また当時の大英帝国の力もあいまって、わが国ではとりわけ幕末・明治に「英学」が重視されるようになりましたが、これが後の太平洋戦争での敗戦・被占領・日米安保などを経ながら、ますます英語偏重の方向性を作り上げ、それがそのまま現在の世界的趨勢である「パックス・アメリカーナ（アメリカによる平和）」の風潮に流れこんでゆくわけです。

また、フランスやドイツもその周辺で、とりわけ文化的な影響力を及ぼし、フランスは芸術・食・服飾などで、ドイツは思想・軍事・医学などで、やはりわが同胞の「あこがれ」をかきたてました。かく言う私も、そのあおりを受けてフランス文学科に籍を置いていたわけですが、今でも往年のフランス映画などに再会すると、かつてこの国にどれほどのあこがれを抱いていたか、しみじみ思い出されてなつかしい限りです。

もっとも、今の日本人はもうこうした「あこがれ」や「西洋コンプレックス」といったものなどもっているはずがないよ、とおっしゃる向きもあるでしょうが、なかなかそう簡単ではありません。

かつて、わが家の子どもたちが海外帰国子女として日本の学校に復帰した時、父母会でどちらからお帰り？と問われ、妻が「パリからです」と答えると「まあ、うらやましい」「ステキ」とかいう反応が返ってきたようですが、インドネシア帰りの友人の奥さんが同様の質問に答えた時には、決まって「へーえ」「あ、そう」の一言か「大変だったでしょうね」というねぎらいのことばしか返ってこなかったそうです。たしかに、もはやコンプレックスというほどのものではなくても、欧米に対しては、やはり微妙な感情が見え隠れしているように思われてなりません。この感情については、さらに後の章でもとりあげることにいたしましょう。

ちなみに、ここからは、そのままおおざっぱな「カタカナ語」という表現を使い、「外来語」や「欧米語のカタカナ表記」などの言い回しは用いませんが、それは「外来語」といえば、漢語も含まれるのではないかとか、その語が外来語として認知されているのか否かとか、「エアコン」は外来語ではあるけれど「エアー・コンディショナー」の日本独自の短縮形だとか、「エモい」「キモい」「ヤバい」などをひとしなみに扱おうとしても、厳密には前後二つずつに分けなければならない……などと、ことばが交雑することでさまざまな問題が生じてくるからです。

カタカナ語の無類の転写力

さて、カタカナ語が増加するもう一つの、そしてまた最大の理由としては、まさにこのカタカナというものが、諸外国語を転写（トランスクリプション）するのに比類のない力を発揮し、なんでもかんでもカタカナ表記にしてしまえるということがあるでしょう。たとえば、What is your name? という英語であれば「ホワット・イズ・ユア・ネイム」と一語一語区切って読むように転写してもいいし、聞こえるがままに近づけて「ワッチャーネー」とすることもできますね。さらに、「この文は、ホワット・イズ・ユア・ネイムと書かれていますが、実際には、ワッチャーネー（私はね）と河内弁のような感じで発音されます」などとカタカナ書きの問題点を、みずから修正することさえできるのです。

もっとも、そうした転写は、外国語を日本語の音韻体系の中に強引に取りこんだものとなるわけで、この音韻体系にない差異を表すことはできず、「bus」と「bath」はどちらも「バス」、「light」と「right」と「wright」はいずれも「ライト」と書かざるをえませんが、まあ、そのあたりさえ我慢すれば、あるいは、「ゥライト」のような新たな表記法を考えるなどすれば、さまざまに原語の発音に近づける試みもできるでしょう。

かつて斎藤緑雨（と言われています）が「ギョエテとは俺のことかとゲーテ言い」という川柳を詠んで話題になったことがあり、今でも、それを聞いた者は「あのゲーテをギョエテと呼ぶなんて」と笑いの種にしてしまうわけですが、あらためて反省してみると、この命名者、案外、深く考えていたのではないかと思われてなりません。今でこそ「ゲーテ」という表記法が定着しているので、私たちはそれを基準にして疑ってみることもありませんが、この「Goethe」、厳密な発音は「ゴーテ」と「グーテ」とのはざまあたりになり、いろいろためしていると、「ギョエテ」もすてたものではないぞ、という気になってしまいます。

それが証拠に、矢崎源九郎さんによれば、「ゲーテ」という定訳が確立しない段階では、なんと二十九通りの表記法があったということです。

> こういうふうに、〔ø〕という音は日本語にはないため、二通りに日本語化されているわけだ。いや、二通りではない。まだある。ドイツの文豪Goethe〔gøːtə〕が、日本語でどういわれているかを見ていただきたい。表記の上ではゴエテ、ギューテ、ギェーテ、ギョート、ギョーツ、ゲーテ、ギュエテ、ゲォエテ、ゴアタ、グウィーテ、ゲヱテー、ゲーテー、ゲェテー、ギョウテ、ギヨーテ、ギョーテ、ギョーテー、ギヨテー、ゴヱテ、ギヨテ、ギヨヲテ、ギヨオテ、ゲョーテ、ゲヨーテ、ゴエテー、ゲエテ、ギヨエテ、ゲイテ、ギョエテ、と、じつに二十九通りの書き方があるという。〔…〕いまは、だいたいゲーテに落着いているが、これらの例は原音をできるだけ正確に書き表わしたいための、表記上の工夫にほかならない。(『日本の外来語』169~170頁)

そう、まさにこれらは、原音にできる限り近づけるためのカタカナによる「表記上の工夫」

だったわけであり、その結果、これほどさまざまな近似表現が可能になったというわけです。これと同じようなことは、あのヘボン式ローマ字で知られる、ジェームス・カーティス・ヘボンについても言えることですね。彼の苗字はHepburn。だとすれば、あの一世を風靡した女優オードリー・ヘプバーンや、映画『旅情』で知られる女優キャサリン・ヘップバーンと同じく、現代ならば、ヘップバーン式ローマ字ということになるはずです。でも、Hepburnを早口で読みながら、よくよくその原音を味わってみると、むしろヘボンの方が原音に忠実に再現しているのではないかとも思えてくるでしょう。

現在、私たちが草野球などで気軽に口にする「ドンマイ」も、もとはといえば“Don't mind.”から来ているわけですが、無意識に使っているせいで、かえって「ドーント・マインド」などという転写よりも、ずっと原音に近く、英語としても通用するのではないでしょうか。もっとも、英米人はこの場合、“Don't mind.”ではなく“Never mind.”と言うの、かな？

ちなみに、かつてまだ定訳がない段階で、聞こえたままをカタカナ書きにして愉快だったものに「ウースケ」「ハツ」「サミチ」「テンキョー」「カメンサイ」「カメヤ」を加えておきましょう。「ウースケ」は「ウィスキー」、「ハツ」は心臓の「ハート」。してみると現在の焼鳥の「ハツ」はここから来ているのですね。「サミチ」は「サンドイッチ」、「テンキョー」は「ありがとう」の「サンキュー」、「カメンサイ」は「カム・インサイド」で「お入りください」。

さて、最後の「カメヤ」はなんと「犬」のことだそうですが、なぜだかお分かりですか。実はこれ、犬に向って「カム・ヒア」とやっている異人さんを見て、「これが犬の名称なのだ」と早とちりした人物によるものであり、さらにいえば、「カメヤ」の「ヤ」は「シロや」「ポチや」と呼ぶ時の「や」であって、犬は「カメ」なのだと思われたケースもあったらしいのです。

まあ、いずれにしてもこうした次第でカタカナは、多少の留保はあるとしても、まがりなりにも世界中のあらゆることばを転写できる表記体系となっています。英語の「グッド・モーニング」あるいは「グン・モーニン」から始まって、フランス語の「ボン・ジュール」も、スペイン語の「ブエノス・ディアス」も、ドイツ語の「グーテン・モルゲン」も、さらには、ウクライナ語の「ドブリーデーニ」やアラビア語の「アッサラーム・アライクム」も、はては、スワヒリ語の「ジャンボ」やタガログ語の「マガンダン・ハポンポ」から中国語の「ニーハオ」まで、何でもござれというわけです。日ごろは皆さんも、こんなカタカナの力に気づいてはいないでしょうが、考えてみれば、驚くべきことですね。

逆にこれらの国々が、他国語を自国語の文脈の中に取り入れようとしても、できることは、原語をそのまま文章の中に埋めこむか、発音記号で音声的に表記するか、せいぜいそのくらいでしかないでしょう。その際、原語は正確なスペルで挿入しなければなりませんし、発音記号など、一般読者にとっては無くもがな。ところが、カタカナだと、なんの心配もありません。発音しにくいフランス語の「のどひこ」音の“arbre”でもドイツ語の「吐き出し」音の“Bach”でも、近似的に「アルブル」「バッハ」と書けばよく、つづりが音声を少しも再現しないフランス語の「les oiseau」（鳥たち）といった特殊な単語であっても、正書法など覚える必要もなく、（日本流に）聞こえた通り「レズワゾー」と、いとも簡単に表記できてしまいます。

もちろん、アルファベットも表音文字ですから、たとえばドイツ語の“Bach”を、もっと原音に近づけようとして英語で“bahha”とでも転写することはできますが、カタカナのようにその転写を固定し、外来語としてきわだたせ、これがドイツ語の“Bach”を示すものだよというコンセンサスを打ちたてながら、自国語に取りこんでしまうことはできません。同じアルファベット文化圏であることが、かえってそれを邪魔するんでしょうね。

カタカナへの転写ということでおもしろいのは、ベートーヴェン第九交響曲の合唱部分の歌詞を覚えるために考え出された語呂合わせの暗記法でしょうか。ここではまさに、カタカナの転写力がきわだっています。時は一九八五年、「国技館すみだ第九を歌う会」が開催する「5000人の第九」という演奏会に向けて、当時、大学の二年生だった一人の女性が、なかなか歌詞を覚えられない母堂のために考案し、ともに出演する向島の芸者衆までもが喜んでその方式を採用したというものです（『朝日新聞』一九八六年二月二〇日）。

冒頭のドイツ語原文は、こうなります。

Freude, schöner Götterfunken,
Tochter aus Elysium
Wir betreten feuertrunken.
Himmlische, dein Heiligtum!

歓喜よ、神々の麗しき霊感よ
天上楽園の乙女よ
我々は火のように酔いしれて
崇高なる者（歓喜）よ、汝の聖所に入る！

これをまずは（当時の）カタカナ読みにするわけですね。

フロイデ　シェーネル　ゲッテルフンケン
トホテル　アウス　エリジウム
ヴィル　ベトレーテン　フォイエルトゥルンケン
ヒンムリッシェ　ダイン　ハイリヒトゥム

そして、ここに記憶用の語呂合わせをかけていきます。

風呂出で（フロイデ）　詩へ寝る（シェーネル）　月輝る（ゲッテル）　粉健（フンケン）

とホテル（トホテル）　会う末（アウスエ）　理事（リージ）　生む（ウム）
ビルべ（ヴィルベ）　と（ト）　0点（レーテン）　夫追い得る（フォイエル）　取るん健（トゥルンケン）
貧無理死へ（ヒンムリッシェ）　台ん（ダイン）　入り人産む（ハイリヒトウム）

（「国技館すみだ第九を歌う会」参加者暗記用歌詞より）

いかがでしょう。風呂から出て月明かりの中、詩の褥（しとね）に寝るなど、なかなかのものですし、ほかにも「フリューゲル」が「風流げる」、「アイネ」が「合い寝」、「ザイン」が「座居ん」だとか、思わずニヤリとしてしまう語呂合わせが満載なのですが、それにしても、あの威儀を正したクラシック・コンサートで、ベートーヴェンの「歓喜の歌」が、こんなイメージの連鎖で歌われていることを知ったら、会場の「歓喜」は「爆笑」に変わってしまうかもしれませんね。

ともあれ、そんな語呂合わせの夢想をくり広げられるのも、まずはドイツ語が、カタカナによってそれなりの日本語の音韻体系に転記されていればこそというわけです。

このように、カタカナの外国語転写能力は天下無敵。たとえば、英語で／サイ／という音を表すつづりは、思いつくままに並べても、“sigh”“silence”“science”“psychology”“cybernetics”などさまざまあって、音声だけから決定することはできませんが、カタカナならばごく簡単。すべてが「サイ」でよく、上に並べた単語からも、即座に「サイ」

「サイレンス」「サイエンス」「サイコロジー」「サイバネティクス」といったカタカナ語を作り上げ、そのままテニヲハの鋳型の中に入れて日本語として使うこともできるのです。

定着したカタカナ語

こうして、戦国時代のころから始まる欧米系のカタカナ語の流入は、いつのまにか私たちの基本的なボキャブラリーのそこかしこに定着することになり、和語・漢語の二重言語として発達してきた日本語は、さらに雑種言語のおもむきを強めてゆきました。

一五四三年に種子島に漂着したことにより、欧米諸国の中で、わが国と最も早く交易を行なったのはポルトガル。ここからは、以下のことばがもたらされています。「ボタン」「ビロード」「ラシャ」「タフタ」「カッパ」「タバコ」「パン」「カステラ」「コンペイトー」「ボーロ」「テンプラ」「ザボン」「トタン」「フラスコ」「シャボン」「カルタ」「チャルメラ」「ビードロ」「ピン」「キセル」「ミイラ」「キリシタン」「バテレン」「ロザリオ」、さらに東南アジア諸国での呼称をそのまま日本との取引にも用いて、「サラサ」「（カンボジアの名称から）カボチャ」「キセル」「（ジャカルタからきたということで）ジャガタライモ」「（シャムからきたということで）シャモ」……。

実は、スペイン人もまた、ポルトガル人の種子島漂着と同時期に漂着していたものの、わが国との交易が始まるのは、それより五十年も遅く、さらにスペイン語がポルトガル語とよく似ているため、どれがスペイン語由来であるかを確定することは至難の業となってしまいます。明らかなのは「メリヤス」ぐらいでしょうか。これはもともと「靴下」を意味する"medias"からきたものらしく、それが今でいうメリヤス編みになっていて、かなり伸び縮みしたため、そこが注目されて、この編み方や、こうした編み方で作られた布のことをそう呼ぶようになったということです。

その後、リーフデ号の大分(おおいた)漂着とともにやってくるのはオランダ人。彼らは鎖国の時代にも、平戸にオランダ商館を開いて交易を続けることができたため、かなりの痕跡を残しています。「ガラス」「レンズ」「コップ」「ランプ」「ポンプ」「ブリキ」「ペンキ」「ラッパ」「サーベル」「ランドセル」「オルゴール」「レッテル」「コーヒー」「ビール」「シロップ」「ドロップ」「レトルト」「チョッキ」「ホック」「ゴム」「コルク」「コック」「カラン」「スコップ」「コンパス」「エキス」「デッキ」「マスト」。

そして、さすがに医学関係は充実していますね。「カテーテル」「メス」「スポイト」「アルコール」「アルカリ」「カンフル」「コレラ」「カリ」……。

さらにオランダより四年ほど遅れてやってくるイギリスは、わが国を開国させたアメリカとあいまって、現代にまで続く英語熱をあおり、幕末あたりから介入してきたフランスは、

「メートル」「センチ」「ミリ」「マント」「ズボン」「ゲートル（脚絆）」「シャッポ（帽子）」などのボキャブラリーを加えることになるでしょう。

おもしろいのは「カルタ」「カード」「カルテ」「カルト」と変化する同じ語源の一連のことばでしょうか。最初に渡来したポルトガル語の「カルタ」は「いろはカルタ」のような遊戯カードに、つぎにやってきた英語の「カード」はもっと広い用途の紙片に、また、ドイツ語の「カルテ」は医学専用のものとなり、さらに、フランス語の「カルト」は料理の「メニュー」という意味に使われたり「アラカルト（お好みに）」といった表現に用いられたりしているわけで、移入先によってそれぞれ違った意味になっているのですね。

同じような現象は、野球の「ストライク」と労働者による争議行為の「ストライキ」、機械一般の「マシン」と縫物用の「ミシン」、軽便軌道上を走る「トロッコ」と運搬車の「トラック」、皺のばし用の「アイロン」と鉄の「アイアン」、正教会における「イコン」とコンピューター上の記号表記「アイコン」等々のあいだにも見られます。おもしろいのは、平賀源内の「エレキテル」とロックの「エレキギター」が符合するところでしょう。

カタカナ語の省略と合成

もっとも、欧米語をカタカナ書きにすると、総じて長くなります。たとえばチョコレートは、英語の発音では「choc-late」と二音節で発音できますが、カタカナ語にすると「チョ・コ・レ・エ・ト」と五音節になる。ですから、「デパートメント・ストア」は「デパート」、「アパートメント・ハウス」は「アパート」と、適当なところで、後ろを切ってしまう。この手の省略は、「アニメーション」の「アニメ」、「サプリメント」の「サプリ」、「コラボレーション」の「コラボ」などに見られるところでしょう。あるいはまた、「バイト」のように「アルバイト」の頭の方をちょん切ってしまうものもありますね。

ただし、その切り分ける箇所をまちがえると、不思議な単語も誕生してしまいます。たとえば「テレビ」。え、どこが変なの？　と驚かれるかもしれませんが、原語を考えてみてください。「テレヴィジョン television」ですね。これはもともと、遠くのものが居ながらにして見られるという意味の「tele（遠隔）＋vision（視）」という合成語として考えられたものですから、「ヴィジョン」の「ヴィ」の部分でちょん切るなど言語道断。そのうえ「ウ濁点」をあまり使いたがらないわが国の習わしから「vi」を「ビ」とも表記していますから、奇妙奇天烈なものですが、それでもこのことばは、いつのまにかすっかり私たちの身についてしまいました。

同じように奇妙な省略法の例としては、「スマホ」もまたあげることができるでしょうか。「スマート・フォン」の「スマ」だけとって、「フォン」の「フォ」を、それも「ホ」にして後ろにくっつけている。考えてみれば、おもしろい造語法ですね。ちなみに、フランスなどでもテレヴィジョンは短縮されて使われますが、さすがに彼らには語源意識が残り、「テレ」のところで区切っています。

さて、こうしたさまざまな切り分けの努力にもかかわらず、単純なちょん切り方式ではうまくいかない場合も出てくるでしょう。たとえば、「パーソナル・コンピューター」などは「パーソナル」や「パソ」ではうまくいかない。パーソナルなものなんて、山のようにありますからね。それならばというわけで、両単語から二音ずつ取って、座りの良い四音の「パソコン」にしようとする方式もとられます。この種の省略には「セクシャル・ハラスメント」の「セクハラ」、「パブリック・コメント」の「パブコメ」、「コスチューム・プレイ」の「コスプレ」などがあげられるでしょう。

もちろん、だからといって、なんでもこの調子でやっていくと、「マタニティ・ハラスメント」の「マタハラ」や「カスタマー・ハラスメント」の「カスハラ」といったものもできてしまって、日本的語感からすると、あまり感心しない短縮形になってしまいますね。

また、ここに「エンタメ」がくると、さらにややこしくなるでしょう。「エンターテインメント」という一単語の中から「エンタ」までとっておいて、その後ろから理由もなく「メ」だけをくっつけて四音にしているわけです。細かい理屈をこねるならば、「ハイ・テクノロジー」からの「ハイテク」は、二単語から二音ずつとったとするべきか、単に「ハイテク」四音の後で切っただけとするべきか。「コスパ」は「エンタメ」系なのか、それとも二単語から二音と一音とをとったものなのか、だとすれば、なぜ座りのいい四音から三音へと移るのか、議論のつきるところはありません。

では、そこに「デパチカ」が加わるとどうでしょう。ええとそれは……と考えて、ふと気がつきますね。ああこの「チカ」は「地下」だったと。そうしてみると、これは「デパート」をさらに短くちょん切っておいて、そこに外来語ではない「チカ」をくっつけて合成語にしているわけで、形式的には、これまでの「電子メール」や「オフ会」などと同様の作りですが、すべてをカタカナにすると、突如、そこには新奇な単語が姿をあらわします。「ママチャリ（ママの乗る自転車（チャリンコ））」「ドタキャン（どたんばでキャンセル）」「ダントツ（断然トップ）」等々。

こうして、カタカナ語のヴァリエーションは外来語をもこえて際限なく広がるとともに、いつのまにか構成も由来も忘れられ、そのことば、丸ごとで、ある事象の記号と捉えられるようになるでしょう。

先ほどのパーソナル・コンピューターにしても、パソコンと省略されたり、ＰＣとのみ書かれたり、同一のものに二つも三つも名前がつけられ、カタカナ語はますます増加してゆきます。もちろん、さまざまな名称から自然淘汰が起こり、最終的に使い勝手のいい名称が残ればいいのですが、狭い業界や小集団の中であまりにも勝手な省略や選別が行なわれると、原語との関係からおおよそ見当のついていたことばが、思いがけぬ錯綜状態を引き起こさないとも限りません。「パソコン」や「ファミコン」であれば、この「コン」は「コンピューター」だという見当がつくわけですが、ここに「エアコン」や「ゼネコン」や「マザコン」がくると、それぞれ「コンディショナー」「コントラクター」「コンプレックス」の略だと知る必要が出てきます。しかし、さらに「ボディコン」「ツアコン」「ミスコン」ときて、そこに「シネコン」「ネオコン」「合コン」が加わり、ついには「オワコン」までくると、すべては混沌(コン)としてきて、もはや原語とのつながりをおしはかることはおろか、その単語の構造も由来も分からず、個々バラバラのカタカナ語を丸ごと覚えこむしかなくなってまいります。

そうなると「シミュレーション」を「シュミレーション」、「マニフェスト」を「マニュフェスト」と覚えこんだ人がいても、気づかれることもなかったり、「いまやIT時代だから」と力説していた人が、このITを「インフォーメーション・テクノロジー」ではなく「インターネット・テクノロジー」と思いこんでいたなどという行き違いも多発して、結局あの「不退転」を「不倶戴天」と声高に叫んでいた候補者と同様の問題を生じさせないとも限りません。

そんな風に考えてみると、たとえば、ネット上で毎日「ブログ」を見ている人々のどれほどが、そのことばは「ウェブログ weblog」から来ており、「ウェブ web」が「クモの巣」の原義からネットを連想させ、「ログ log」が「日誌」や「記録」を意味するのだということをご存知なのか。「銀行のエーティーエム（ATM）でお金おろしてきて」と言っている人の、どれほどがあれを「オートマティック・テラー・マシーン Automatic Teller Machine」の略だと分かっているのか。私をも含めて、即答できる人は、ほとんどいないでしょう。つまり、今や私たちは、頭から丸ごと覚えるしかない雑種的で得体の知れぬ膨大なボキャブラリーに包まれ始めているのです。

和製外国語の問題

さて、カタカナの転写能力のおかげで、諸外国語をさまざまに加工しながら自家薬籠中のものとしてきた先人たちは、あの漢語を換骨奪胎して、和風漢語や洋風漢語を製造してきたように、西洋語に対しても「和製英語」を筆頭に、「和製外国語」を考案してゆきます。

たとえば、野球の「ナイター」やシンポジウムの「パネラー」、「サラリーマン」や「ガソリンスタンド」などがその代表的なものでしょうか。

私たちが英語で話す際には、ふとこうした単語が浮かんできて、「日本のサラリーマンが置かれている状況は」などとやると、「?」という顔をされてしまいますね。本来の英語ならば、「ナイター」は「ナイト・ゲーム」、「パネラー」は「パネリスト」、「サラリーマン」は「オフィス・ワーカー」、「ガソリンスタンド」は「ガス・ステーション」となるわけで、時として

「和製外国語」は、当の外国語の習得や実践のさまたげにもなるでしょう。

とはいえ、和製外国語が生まれてくるのは無理もない話であって、「ガソリン」ということばや「スタンド」ということばが、外来語として、あるいはそれに近いカタカナ語としてわが国で広く共有されてくると、当然、両者を組み合わせて「ガソリンスタンド」ができるわけですね。朝、起こしてもらう時の呼び出し電話は「モーニング」と「コール」とをくっつけて「モーニングコール」（英語では wake-up call）、リサイクル品を売るお店は「リサイクルショップ」（英語では second-hand store）、ミルクを入れた紅茶は「ミルクティー」（英語では tea with milk）、アルコール抜きであれば「ノンアルコール」（英語では alcohol-free）と、日本語内部でのカタカナ語の進化としては、理にかなっているのです。

ただし、こうした進化の結果が、偶然にも原語の中にある言い回しと一致し、それにもかかわらず両者のあいだに大きな意味の開きがある場合には、ゆゆしき問題が生じるかもしれません。たとえば「モーニングサービス」。これは私たちにとっては、喫茶店などで提供される「朝食のお得セット」ですが、英語本来の意味では「朝のお勤め」、すなわち、キリスト教の朝の礼拝を指しています。まちがえると大変なことにもなりかねません。

大変なことになった有名な例は「ＢＧ」ですね。戦後、社会に出て働く女性のことを私たちは「ビジネスガール」という和製英語で呼び、「ＢＧ」と頭文字化していたのですが、それが東京オリンピックを一年後にひかえた一九六三年に問題となりました。オリジナルの英語では、どうやらこれは「夜の蝶」「売春婦」を意味することばらしいということが分かってきたのです。

ＮＨＫを始め、マスコミがいっせいに使用をとりやめたのはよかったのですが、残念なことに、それに代わるしゃれた表現が見つかりません。「職業婦人」ではいかにもダサい。そこで、この年の暮れ、週刊誌『女性自身』が代案を募集し、めでたく「オフィスレディ」つまり「ＯＬ」が誕生したということです。英語では「ワーキング・ウーマン」「オフィス・ガール」などが普通なのに、どうしてそうしなかったのか不思議ですが、おそらくは、「レディ」という表現が優雅に感じられたものと思われます。そうしてみるとＯＬは、和製語ながらなかなかいい線いっていたのではないでしょうか。もっとも、現代ではこれまた差別語とみなす向きもあるようですね。

ちなみに、ここでは「ビジネス」や「レディ」といったことばにまとわりついている独特の語感が問題になったわけですが、そういう意味では、すでに単語のレベルからかなり原語とは異なった語感で移入されているものもあります。具体的なものとしては、たとえば「マンション」や「ヨット」があげられるでしょう。本来の英語の意味を知らずに「私はマンションに住んでいる」とか「私はヨットをもっている」とか言っていると、思わぬ赤恥をかいてしまいます。本来、マンションは「お屋敷・豪邸」、ヨットは「豪華帆船」なのですね。そこからすれば、私たちが住んでいるのは、おおよそ「アパートメント」か「コンドミニアム」というところになるでしょう。

もう少し抽象的な、たとえば、人物の評価を表すようなことばになると、「ナイーヴ」や「ユニーク」がこれにあたると思われます。日本語で「ナイーヴな人」というと、率直で飾りけがなく、純粋で傷つきやすい性格が連想され、どちらかといえば良いイメージになりますが、欧米のほとんどでは「単純」や「未熟」という悪いイメージになってしまいます。「ユニーク」もまた、日本語では、何か独特で、おもしろそうなところをもっている人物になりますが、あちらでは、本来の「ほかに例のない」「唯一の」というだけのことで、良くも悪くも評価できそうです。

そして、カタカナ語と、それの元になったと推測される原語との意味のズレは、ついには誤解にまで達するかもしれません。たとえばホテルの「スイートルーム」。ひょっとしてあなたはこれを、愛しあっている二人が新婚旅行の際に使う「甘い部屋（スイート）」と考えてはいませんか。この「スイート」は、“sweet”ではなく“suite”なのですね。つまりは「続き部屋」（connecting room）。親しい二家族が泊まったり、ＶＩＰ（Very Important Person）が広い空間に泊まったりするための部屋になります。

あるいはまた、「フリーマーケット」はいかがでしょうか。これもまた、「自由な市場（フリー）」とお考えの方もいるのではありませんか。これは、自由の“free”ではなく、ノミを意味する“flea”です。だから「蚤の市」。

さらにもう一つ「ショートケーキ」もあげておきましょうか。これは大型のデコレーションケーキ（これも和製英語でした）に対して、小さく切り分けてあるから「短い（ショート）ケーキ」だと思っている方も多いでしょう。でも、これまた、ショートニング（食用油脂）を使用したケーキから来ているのだそうです。

そして、きわめつけは、原語とカタカナ語との意味のズレどころか、原語らしきものの見つからないカタカナ語の例です。典型的なものは、たとえば「アメリカンコーヒー」や「イギリスパン」。これらは、日本人から見て、アメリカ人の飲んでいるコーヒーが薄めだったことから、あるいは、イギリス人の食べているパンの上部が山形になっていたことから、それぞれつけられたものと言われますが、もちろんそれらは、当の英米人のあずかり知らぬところ。なんだか、その昔、梅毒に対してフランスでは「イタリア病」と、また、イタリアでは「フランス病」と呼んだ、などというエピソードを思い出してしまいますね。ちなみに、「イギリスパン」は「イギリス」も「パン」も外来語としての日本語ですので、英語会話では使えませんし、「イングリッシュ・ブレッド」などと言い換えてみても、結局はその実体がないので珍聞英文となるわけです。

もちろん、こうしたさまざまな問題を生むのは和製英語にとどまりません。たとえばあの「シュークリーム」ですが、この名前、よくよく考えてみてください。「シュー」と「クリーム」に分かれるとしたら、これは何でしょう。シューは多くの人が英語の「靴」ととり、「靴クリーム」になってしまうのではありませんか。でも、これはフランス語由来のもの。"chou à la crème" と綴って「シュー・ア・ラ・クレーム」と読みます。これが訛って「シュークリーム」なんですね。「シュー」は「キャベツ」、「ア」は「〜入りの」、「ラ」は定冠詞で、「クレーム」が「クリーム」。つまり、あのフワフワっとした皮がキャベツの形に似ているので、「クリーム入りのキャベツ」というわけです。

フランス人は恋人に向って「モン・シュー mon chou」(私のキャベツちゃん) なんて甘い呼びかけをするのが大好きですので、女性の皆さんが「ムッシュー monsieur」と男性に声をかける時に、訛って「モンシュー」とでも発音してしまうと、その人は喜んでついてきてしまいますので、ご用心ご用心。

などと余計なことまで書いたついでにもう一つ。やはりシュークリームと並ぶフランス名のついた有名な洋菓子に「ミルフィーユ」がありますが、これにも注意が必要でしょう。原語は "millefeuille" で、発音は「ミルフイユ」の方が近いでしょうか。「ミル」は「千」を表し、「フイユ」は「葉」を表します。つまり「千枚の葉っぱ」ということで、あのお菓子のパイ生地をあまた積み重ねたような姿を示しているわけですね。ところがこれを日本風に「ミルフィーユ」と発音すると、この「フィーユ」はフランス人には“fille”と受け取られ、「千人の娘たち」ということになってしまいます。

以上、英語以外には、私の親しいフランス語の例をあげるにとどめておきますが、カタカナ語はこのように和製英語や和製フランス語、さらには全和製外国語をも含んで広がっています。当然、それらは私たちの語彙を豊かにし、表現の可能性を広げてもくれますが、一方では「一知半解」「誤解」「思考停止」などの弊害も運んでくることになるでしょう。私たちには、その影の側面をもきちんと見ておく必要がありそうです。

翻訳がまにあわない！

ところで、カタカナ語が増加する理由として、さらにもう一つあげられるのは、社会の動きの速さでしょうか。とりわけ先ほどのＩＴ業界のようなところでは、あらゆるものが日進月歩。新たに開発されたソフトなりハードなりにつけられた名称を、それぞれの国の言語に翻訳して定着させる余裕もないのが実情ですね。そしてこのＩＴ業界を牽引するのが米国であったところからすると、英語の名称が巷にあふれるのは当然の帰結となるでしょう。

たしかに、「マウスを使ってそのアイコンをクリックし、こちらのフォルダにドラッグ・アンド・ドロップしてください」といったパソコン操作の初歩の初歩も、考えてみれば英語であり、わが国ではそれを音写したカタカナ語のオンパレードになるわけです。

さすがに、自国語を大切にするといわれるフランスが、この風潮に抵抗して、たとえばパソコンの「マウス」、つまり日本語で言えば「ネズミ」ですね、これをまさしくフランス語でネズミを意味する「スーリ」と訳して使おうとしたのですが、結局、英語支配の風潮には彼らの抵抗（レジスタンス）もむなしく、定着することはありませんでした。

かつてフランス語の中に「ウィークエンド week-end」「ショッピング shopping」「ジョギング jogging」「パーキング parking」「シャンポワン shampooing」などの英語が混じり始めたころ、それを作家エティアンブルたちが危惧し、『あなたはフラングレ語（フランス語 Français と英語 Anglais との合成語）を話しますか？ *Parlez-vous Franglais?*』などという書物で軽妙に揶揄していましたが、そんな時代とはまさに隔世の感がありますね。そういえば、以前、フランス人については、「彼らは気位が高くて、自国語を大切にするため、街中で英語で話しかけられても、わざと知らぬふりをするのだ」という噂が流通していましたし、たしかにそんな時代もありはしたのですが、今ではパリの街頭でも、とくに若者たちのあいだでは、好んで英語を使いたがる傾向さえ見られます。

さて、そんな次第で、アカデミー・フランセーズという至上の権威を与えられた学術団体が辞書を編纂し、言語行政に関しても目を光らせるフランスでさえこの有様ですので、そうしたタガのはまっていないわが国にカタカナ語があふれかえるのは当然のことかもしれません。もちろん、言語にまでこうした学術団体が介入することについては、賛否両論あるにせよ、あまりにも無批判にカタカナ語が増えるのは、やはり問題にはなるでしょう。とりわけ、誰に対しても分かりやすく説明すべき公の機関は注意すべきところでしょうね。

かつて、「カリスマ美容師」ということばのはやった時期がありましたが、あの時、テレビの前で「見てごらんよ、たいしたもんだねえ、うちの孫娘もこのあいだ、あのイカサマ美容師にやってもらったそうなのよ」と、得意げに話すおばあちゃまがいらしたとか。そんな家庭に、「東京都はロードプライシング実施中」だとか「各戸にハザードマップを配布」だとかの公報を出してみたり、「インフォームドコンセントが普及しない原因としては、アカウンタビリティーが徹底されていないので」と言ってみたりするのは、やはり「アカウンタビリティー（説明責任）」が徹底されていないからなのでしょう。おかげで、巷には一知半解のカタカナ語が氾濫してしまいます。

もっとも、わが国にも、これではいけないと考える人々も団体もあって、新聞各紙の声の欄に「カタカナ語の氾濫を憂える」や「外来語の適切な使用を」といったたぐいの投書を見かけることもしばしばですが、なかなかこれといった名案も見いだせません。お役所の方では一九八九年に厚生省内に「用語適正化委員会」というものが設置され、公式文書に氾濫するカタカナ語を言い換える努力が始められたようですが、時々休眠しながら、一九九七年ごろまで存在していたようです。これだけの期間、どれほどの協議がなされたのかよく分かりませんし、目立った成果があるようにも思えませんが、ともかく、カタカナ語を三つのグループに分ける努力だけはなされたようです。それによると…

(一) 極力使用を避けるもの(カッコ内のように言い換える)

プロジェクトチーム(検討会)、フォローアップ(再点検)、コーディネート(調整)、ビジョン(展望)

(二) 工夫の上、使うもの(カッコ内のような説明や言い換えをしながら)

バリアフリー(無障壁)、マニフェスト(産業廃棄物管理票)、ノーマライゼーション(障害のある人も家庭も地域で通常の生活ができるようにする社会づくり)

(三) そのまま使うもの

パンフレット、ペットボトル、リハビリ、エイズ三分類そのものは悪くない発想ですが、該当することばがすでにズレてきているところもありますね。まあ、こうしたところからしても、わが政府には言語政策と呼ぶべきものは見あたらず、たまにそれらしきものが思いつかれたとしても、いかにも安易で、場当たり的なものにしかなりませんでした。

これにくらべれば、国立国語研究所などが地道にすすめてきた「外来語言い換え提案」といったものの方が、はるかに頼りになるでしょう。この研究所では「外来語」委員会が設置され、行政白書や新聞などに使われた分かりにくい外来語が検討されているのですが、その成果は二〇〇三年を皮切りに、つぎつぎと発表されました。

そこでは、「インキュベーション」は「起業支援」に、「エンフォースメント」は「法執行」にと、分かりやすい言い換えがなされており、おかげでカタカナ語問題にも光明が見え始めたかな、と思いきや、やはりそう簡単にはいきません。全体として眺めてみると、まだまだ「ライフライン」を「生活線」、「セーフティーネット」を「安全網」とするような生硬さが見られますし、ここで提案された言い換え語そのものが誤解を生みそうな例もあり、なかなかきびしい状況です。

たとえば「ハーモナイゼイション」。これはもともとEU諸国の相互努力に見られるような「国際間で制度などの調和をはかること」であり、単に各国が仲良くしたりすることではないのですが、結局「協調」や「国際協調」となっているので、思いがけぬ誤解を生まないともかぎりません。

そのうえ、同研究所名誉所員の甲斐睦朗さんによれば、外来語は年に五〇〇語も増えるというのに、よく考えてみると、「言い換え提案」が対象にしているのは、一年間でようやく一〇九語といったところです。ことほどさように、カタカナ語については人々の理解が、とても追いつかない状態にあるようです。

『ジョーズ』って何？

さて、そんなわけで、私たちの周囲には、わけの分からないカタカナ語がとびかっています。思いつくままに十個ほどあげて並べてみると『フロム・ダスク・ティル・ドーン』『キャッチ・ミー・イフ・ユー・キャン』『シン・レッド・ライン』『ボーン・アイデンティティー』『プライベート・ライアン』『マネー・ショート』『バタリアン』『メメント』『ファム・ファタル』『ジョーズ』……。いかがでしょう。これらが何であるかお分かりでしょうか。そう、外国映画のタイトルですね。

かつての洋画のタイトルは、原題ではその主人公の名前でしかない『ペペ・ル・モコ』が『望郷』になったり、『九月の出来事』（これもなかなかいいタイトルですが）が『旅愁』になったり、その他、『旅情』『慕情』『哀愁』『終着駅』『霧の波止場』『ミモザ館』など、ちょいと演出が過ぎるかなと思われるほど情緒たっぷりであったのに、今では、原題をカタカナ書きしただけのものが、すっかり主流になっています。どうやら、日本語的にかきたてられる情緒よりも、西洋語的なひびきの方が好まれているようですね。

それにしても芸のない話で、『フロム・ダスク・ティル・ドーン』であれば「夕方から明け方まで」、『キャッチ・ミー・イフ・ユー・キャン』であれば「できるものなら僕をつかまえてごらん」といった原題をカタカナ書きにしただけのものです。こうしたタイトルがポスターに大書されて流通するのも、おっかなびっくり開国した明治時代とは違う英語全盛期の現代にあってこそですが、ただし、そこかしこで目にするこうしたカタカナ語を、通常、私たちはどれほど意識的に理解しようとしているのでしょうか。

『シン・レッド・ライン』は「赤い線」というところから判断すると、この「シン」は中国のことかと見当をつけていたのですが、近親者のあいだを結びつけている「薄い（シン）」赤い糸といったような意味でした。また、『ボーン・アイデンティティー』というタイトルを見た時、私はとっさに、被害者の「骨（ボーン）」のアイデンティティーをつきとめてゆく推理物かと思ったのですが、結局、ボーンは主人公の名前でしかありませんでした。つまり、巷に氾濫するこうしたカタカナ語は、さまざまな憶測を生みながら、誰もが正解を求めぬまま、中途半端な状態であたりを漂うことになるわけです。

『プライベート・ライアン』は「私的なライアンくん」なのでしょうか。いやいや、原題を見れば、これは『*Saving Private Ryan*』。このプライベートは「兵卒」「二等兵」を表しており、本来は「兵卒ライアンの救出」でなければなりません。あるいは『マネー・ショート』は「お金が足りない」のかな、と考えてみても、どうもそうではなく、原題は『*The Big Short*』です。つまり、株の空売りをしてもうける男たちの物語なのですが、これまた、変な英語の略し方をしたためか、意味不明の邦題になってしまっています。

つぎの『バタリアン』は、ジョージ・ロメロの有名なゾンビ映画の一つですね。私などにとっては、「エイリアン」と韻を踏むかのような「バタリアン」と呼ばれるゾンビ一族がいて、それがつぎつぎにあらわれて襲ってくる。ゾンビは殴打すればバタリと倒れはするものの、すぐにおきあがってきますから、そのあたりを連想するようになるわけです。でも、これもまた原題は『*The Return of the Living Dead*』で、邦題とはずいぶん異なっていますね。どうやらわが国では、無数のゾンビが追いかけてくる恐怖を、「大軍勢（バタリアン）」が押し寄せてくるイメージに重ねようとしてこうなったらしいのです。ちなみに、この『バタリアン』からは、その後、わが国で大ブレイクした「オバタリアン」の表現が生まれてきたこともつけ加えておきましょう。

いずれにしても、英語のタイトルですら私たちは、このように幕末・明治期の漢語に見られたような一知半解の状態でうっちゃっているわけですから、これがさらに別の言語からきたものになると、当然ながら、一知四分の一解にも、一知八分の一解にもなってしまうことでしょう。『メメント』はラテン語の「メメント・モリ（死を想え）」に代表されるような「記憶」を意味し、『ファム・ファタル』はフランス語で「宿命の女」を意味する表現になっているんですね。

さて、最後のタイトル『ジョーズ』については、もはや誰もまちがう者はいないでしょう、と言いたいところですが、むしろこれこそが、私たちの盲点をはっきりと抉（えぐ）り出してくれる仕掛けになっているのかもしれません。ひょっとして、皆さんの中には、この『ジョーズ』が、あの人食いザメの「愛称」ならぬ「厭称」だと思っている方がおいでではないでしょうか。「あ、ジョーズがきた、ジョーズがきた」とやりながら、いつのまにか、彼の名前をくり返しているように気になってはいませんでしたか。

違うんですね。『ジョーズ』とは『*Jaws*』であって「顎」の複数形。つまり、映画『ジョーズ』のタイトルは「大顎」とでもいうべきものだったわけです。もちろん、たくさんの方々には先刻ご承知の事柄であったかもしれませんが、やはりどれだけかの皆さんが人食いザメの名称だと勝手に捉えていたとしたら、まさに思いがけぬ盲点となりますね。かくいう私も、最初はそう思いこんでいました。

つまり、私たちのまわりで飛び交っているカタカナ語は交雑するあまり、かなりのところ一知半解の風潮、時としては思考停止の風潮を生み、誤解の温床を世に広めているのではないでしょうか。

第六章

日本語はつねに顔つきを変える

四種の字母をもつ言語の「相貌性」

ところで、『望郷』であれ、『ファム・ファタル』であれ、さらには『あさきゆめみし』（大和和紀、講談社）など、わが国の古典に題材をとったものであれ、これらのタイトルを並べてみると、実に表情に富んでいますね。故郷を想う気持ちがはるか別世界を望むような漢字によって象徴され、宿命の女性がいかにもエキゾチックな響きと鋭角的な形とを兼ねそなえたカタカナで表され、王朝絵巻のような世界がまろやかなひらがなによって描写されている。いかがでしょうか。つまり、われらが日本語は、この「漢字」「カタカナ」「ひらがな」、さらに現在では「ローマ字」というか、アルファベットをも加えた四種類の「字母」によって、さまざまな味わいがブレンドできる稀有な言語となっているのです。

考えてもみてください。英・独・仏など、欧米のどの言語をとってみても、字母は基本的にアルファベット一種類ですよね。もちろんアラビア語系であっても、インド語系であっても、キリル文字を含むスラヴ語系であっても、基本的には、漢字と仮名のような「表語文字（表意文字）」と「表音文字」とが共存したり、二種類の仮名が混在したりするような状況にはありません。また逆に、中国語であれば、今度は表語文字としての漢字だけが字母になっているわけです。

各国の新聞を開いてみるとよく分かりますが、それぞれの言語にはそれぞれの顔つきがあり、欧米はいずれも均質な感じで文字が並んでいますし、また、中国語の新聞ともなると漢字ばかりが黒々と広がっています。ところが、日本語の新聞はどうでしょうか。漢字が密集して黒っぽくなっているところや、仮名が主体で比較的白っぽいところが、まだらに点在しているでしょう。この字面の凹凸が、それによって表される意味をも巻きこんで日本語の表情を作り上げているのです。

この字面によって顔つきを変える様を言語の相貌性と言うこともでき、日本語では、やさしい感じにしようと思えばひらがなを多用し、形式ばった感じにしようと思えば漢字を、エキゾチックにしようと思えばカタカナ、さらにはアルファベットを、それぞれ増やせばいいでしょう。日本語には正書法というものがありませんので、個々人が好きなように字母の種類や量をアレンジすることができます。絵本は当然ひらがなが主流で、お役所の書類にはやたらと漢字が使われ、ファッション・美容雑誌はカタカナあるいはアルファベットのオン・パレードとなるわけです。

そういえば、かつて（一九九〇年代でしたか）『zyappu』（光琳社出版）という名の雑誌が刊行されていたのですが、これはおもしろい試みでした。なんと、タイトルだけではなく本文すべてが日本語なのに、それがアルファベットで書かれていたのです。読みにくいのはさておくとしても、雰囲気だけは欧米のマガジンを手にしているような感じだったのを覚えています。

そんなわけで、字母による味わいのブレンドは、日本語が一頭地を抜いていますし、さらにこの多様な字母がまじりあう不均質さのおかげで、あまり句読点や分かち書きも必要にはならず、ひらがなのなめらかさや、カタカナのハイカラ度、そこに漢字の力強さをとりあわせて、文にもメリハリがついてこようというものです。

にわにはにわにわとりがいます　↓　庭には二羽ニワトリがいます
はっきりいやだとこたえた　↓　断固としてノーと答えた

「にわにはにわにわとり」という、にわかには意味のとりにくい音声を耳にしても、私たち日本語話者には「庭には二羽ニワトリ」という表記への連想で、ひらがなの「地」の上に漢字やカタカナのまとまりが「図」として浮かんできますから、あまりしっかりした句読点を打たずとも、その輪郭が見てとれます。欧米系の言語などは均質な字母ですので、そうはうまくいかず、かなりはっきりした句読法や正書法が必要になるわけです。

さらに「ノー」のようなカタカナ書きが、外来語もしくは音声として瞬時に捉えられますし、「庭」「二羽」「断固」の漢字の部分だけが浮きあがって速読もできます。たとえば、中国語の新聞に「電視」「迷你裙（ミーニーチェン）」というのがあっても、地の文すべてが漢字なので、これが外来語の「テレビ」や「ミニスカート」の訳語だとは、すぐには見分けられません。とくに後者の「あなたを惑わせるスカート」という訳など、音と意味との取りあわせが絶妙ですけどね。

これは欧米系の新聞でも同じこと。アルファベットの「地」にアルファベットの外来語・新語が置かれても、そこだけが「図」として浮き上がって見えるはずはありません。ですから、『人民日報』でも『ル・モンド』でも、字母ごとのまとまりが瞬時に捉えられる日本語新聞ほどには速読もできませんし、とくに欧米語の方は、縦書きがないこともあって、書店で本の背表紙を見る時など、かなりの差がついてしまいます。

馬克斯以后的欧州思想
La pensée occidentale après Marx
マルクス以降の西洋思想

すべて「マルクス以降の西洋思想」を表していますが、いかがでしょう。やはり日本語では、ひらがなの地の上に漢字とカタカナとの図柄が浮かびあがって見えますね。おのぞみとあれば、これをして、日本語はパターン認識、もしくは形態（ゲシュタルト）把握のしやすい言語だと言うこともできるでしょう。

さらに、先ほどの「はっきりいやだとこたえた」を「断固としてノーと答えた」とすることによって、その拒絶を漢語の「断固」で強調し、英語の二者択一的回答でさらに強化している、というように、違った字母の作り上げる違った単語の効果をたくみに使い分けてもいるわけです。

その意味では、おおらかでやさしい和語に対して、漢語にはかなり激しい情念がこめられます。「白髪三千丈」を論じる国からやってきたことばですから、当然といえば当然ですが、たとえば「慟哭」。ものの本には「悲しみのあまり、声をあげて泣くこと」などと書かれていますが、そんなレベルではありませんね。おそらくこうした表現は、私たちがこれまで経験したことのない大変な悲しみに見舞われた時に、むしろ「ああ、これがあの慟哭というものか」と教えられるたぐいのものでしょう。かつて敗戦に直面したわが国では、この「慟哭」がしきりと使われたことや、当時、はやっていたラジオドラマ『君の名は』で「忘却とは忘れ去ることなり」ということばがくり返し語られていたことなどを考えてみても、やはり漢語には、どことなく借りもののようなおもむきがあり、その語の表情から何か大変なことらしいとまずは想定しておいて、少しずつ、私たちの経験によってその内実を埋めてゆくプロセスが必要だったのでしょう。

　これに対して、和語は「うらうらに　照れる春日（はるひ）に　ひばり上がり　心悲しも　ひとりし思えば」（『万葉集』巻十九、四二九二）といった感じのもっとやさしい心情をのべる役割を受けもち、そこに「午後のアンニュイ」や「暗い日曜日のメランコリー」などの、洒落た新しい感覚が、カタカナ語によって加わってくるわけです。

字母の表情

　当然ながらこうした表情をもった語の基礎には、字母そのもののとげとげしさやまろやかさがあるでしょう。たとえば、「癌」「ガン」「がん」と並べて書いてみるとどうでしょうか。漢字表記はいかにも怖いあの病を示してはいませんか。それがカタカナだと中性的になり、学名でも列挙しているかのような気分になりますね。さらにひらがなともなれば、まろやかで、どことなく怖さもうすれてくることでしょう。そのうえ、すでに見てきた以心伝心の日本語には間接的にほのめかす表現も多いので、「くわしく検査してみましたが、残念ながら、やはりあれでしたね」とか「悪性でしたね」とか言うわけです。もちろん欧米語にも、状況に応じ、相手を思いやる数々の表現はありますが、字母に由来する表情の差をつくることはできません。「法令遵守」というと、どことなく大変そうな感じがしますが、これを「コンプライアンス」とすれば、少し新しく軽やかな気分になれる。「通所介護」よりは「デイサービス」の方が好ましい。そんなわけで私たちは、名称を日々新しいものにして新鮮さを追いかけることもしています。

かつて私たちは「コーヒー牛乳」を飲んでいました。それがやがてアメリカン・ドリームとともに、いつのまにか「ミルク・コーヒー」を飲むようになりますが、しばらくすると、私たちはその英語にも飽きてしまいました。そこでもう少しハイセンスなフランス語を借りてきて「カフェ・オレ」を飲み始める。そして、ついに現在では、さらに目先を変えてイタリア語の「カフェ・ラテ」になっているというわけです。もちろん、これらそれぞれの製法や成分は微妙に違ってもいるでしょうが、それはさておき、わが国では食材同様、新鮮さは言語の方でも珍重されるようですね。

そのうえ日本語には、音読みと訓読みとの使い分けで、さらなる表情が加わります。覚えておいでしょうか。第三章では、和語と漢語とを論じたところで「初春」をとりあげ、これを「はつはる」と読むか「ショシュン」と読むかによってかなり違った感覚になることを指摘しておきました。漢字は、わが国に入るとともに、音訓の二重性を与えられ、ほぼいつも、二重の相貌を呈するようになっています。もちろん音のみ訓のみの漢字もありますが、ほとんどはこの二重性を帯びていると考えていいでしょう。

「微風が頬をなでていった」を「びふう」と読むか「そよかぜ」と読むかによって、雰囲気はかなり異なりますし、「白鳥」を「はくちょう」と読むか「しらとり」と読むかによっては鳥の種類まで違ってしまうかもしれません。若山牧水の「白鳥は　かなしからずや　空の青海のあをにも　染まずただよふ」を思い出してみてください。

孤立語、屈折語、膠着語

もう一つ、日本語にさらに表情を加える要素があるとすれば、それは、この言語の語順がきわめて自由であるため、どの部分をも簡単に強調できるということでしょうか。たとえば「私は彼女を愛している」という表現で、「彼女」を強調したければ「彼女を私は愛している」とすることができ、また、「愛している」ことを強調したければ「愛しているよ私は彼女を」もしくは「愛しているよ彼女を私は」とすることもできます。私たちにとっては何でもないことですが、他の多くの言語では、これほどまでの語順の自由度はありません。ここまで自由なのは、日本語が膠着語だからなのですね。

「膠着語」、思い出せますか。73頁で少し触れてはいましたが、いい機会なので、もう少しお話ししておきましょう。

我愛她　（孤立語）

Ich liebe sie.　（屈折語）

私は彼女を愛する。　（膠着語）

これらの表現はいずれも「私は彼女を愛する。」を意味していて、最初は中国語ですが（ここでも簡体字は使わず、繁体字にしておきます）、そこには「我（私）」、「愛（愛する）」、「她（彼女）」、という概念本体が孤立してゴロゴロころがっているだけです。文法関係は語順によって示されるので、先にご紹介したように、たとえばこれを「她愛我」とすれば、彼女の方が私を愛していることになり、語順の自由度はほとんどありません。こうした言語は「孤立語」と呼ばれます。

二番目はドイツ語ですが、文法関係は動詞の活用（屈折）や、人称代名詞の変化によって示され、これも「liebe Ich sie」や「sie liebe Ich」と置くことはできません。たとえば、彼女の方が私を愛する場合には「Sie liebt mich.」となり、動詞の語尾も人称代名詞の格もすっかり変わってしまいます。そんなわけで、こちらもやはり自由度は少なく、この種の言語は「屈折語」と呼ばれます。

そして最後が膠着語としての日本語ですが、これは「私」「彼女」などの概念本体をになう部分と、「は」や「を」などの文法関係を受けもつ部分とに分かれ、前者を後者が膠のようにつないでいるタイプのものです。ですから、この概念本体にそれぞれ文法関係を表す「テニヲハ」さえくっついていれば、それがどこに置かれても、いつも同じ意味を保つことができ、前に出れば強調されることになるわけです。

蠱惑的な日本語

さて、このように表情豊かな日本語の姿を見てくると、私たちはふと、日本人のことばとの出会い方、接し方が、まずはその表情を通じて、つまりは、ことばの概念や理論内容によるよりも前に、まずはその表情、その顔つき（相貌性）を通じてなされているのではないか、ということに気づかされます。「法令遵守」よりも「コンプライアンス」の方が軽快だから、こっちにしよう。あるいは、「嗚咽」よりも「慟哭」の方が激しい感じがするから、これにしよう。どうやら私たちは、そんな感性的なことばの選び方や捉え方をしているのではないでしょうか。

実は、このことに永年の海外生活を通じて気づいている人がいました。哲学者の森有正さんです。森さんは、私たちの青年時代に、フランスと日本とを往復しながら、『遥かなノートルダム』『旅の空の下で』『経験と思想』などたくさんのエッセー集を発表し、若者たちの心をつかんでしまった思想家でした。氏の祖父は、あの明治期の文部大臣をつとめ、日本語を廃して英語を国語にした方がいいと主張した森有礼です。もちろん、有正さんの方はそんな考えを共有しているわけではありません。

有正さんの指摘には、表現の仕方もあいまって深い含蓄がありますので、少し長くはなりますが、引用してみましょう。

日本語は「語」、ことに体言が中心になっている「ことば」であるように思われる。俳句のようなものが体言で終止しているのが多いのもそういうことばの性質から出ているのであろう。ところがヨーロッパ語、たとえばフランス語になると、「ことば」の主体は明らかに一つの完結した文に認められる。〔…〕ところで経験はものとの「接触」によって開始されるのであるが、この「接触」の《インパクト》が日本語では「語」的であるのに対して、ヨーロッパ語では「文章」的である、というはっきりした感想を私はもっている。

〔…〕

「語」が経験の主要な要素を構成しているとすると、それはあるいみで、「接触」が直接的であることを意味する。それ故に、それは感覚的であり、あるいは欲望的、あるいは嫌悪的であって、その様態は「蠱惑的」である。それに対して、ヨーロッパ語では、すなわち文章の形をとる接触では、それは間接的であり、その様態は「判断的」である。そこでは「接触」がやがて文章のかたちに明確化されるであろうようなものにおいて行われる。あるいは主体面においては一つの文章に明確化しうる拡がりを介して、あるいはそこにおいて行われる。ところで、この場合、接触点は一定の拡がりをもち、その拡がりは主体面における拡がりなのであるから、接触を起すものは、相対的縮小され、接触の中の一要素となり、その残りの領域に主体が侵入して来る。そして対象を包む、すなわち「判断」が成立する。前者を「単語的」接触と呼ぶとすると、後者は「命題的」接触と呼べるであろう。ところで命題は、主体がそれを樹てるのであるから、そしてその性質上、肯定、否定、疑問、懐疑、推測、等の可能性をも同時に含むものであるから、そこにはじめから一種の精神的拡がり、つまり明確化の道程においてやがて「自由」として意識されるに到るようなものが、すでにそこにある。であるからある意味で、それは理性的であり、意志的である。〔…〕

　日本語における接触の直接性においては、こういう「自由」は不可能である。対象と主体とは「語」という一点において直接的に接触し、主客合一的事態を出現させる。文章的要素が殆ど不可避的に介入するとしても、その文章は箇（こ）としての対象に修飾的に従属させられた文章であって、この副文章の根拠は主体の側ではなく、対象の側にある。それは、主体をではなく対象を補強するものである。それ故、この感覚的接触には蠱惑が続くのである。（『ことば』について想うこと、２６０頁）

あまり単純化してしまってもいけませんが、むずかしい表現をほぐしながら、日本語の「単語的」接触というものを分かりやすく解釈してみましょう。たとえば私たちは、二人称で「あなた」と言ったり「おまえ」と言ったりしますが、そこではまず、この「単語」の前にたち止まらねばなりません。「〈おまえ〉と何だ、〈おまえ〉とは」といったトラブルが、もうすでにこの段階で待ち受けているのです。つぎに、もう少し進んで「あなたはまちがっている」と言うとしましょう。今度は「〈まちがっている〉とはなんだ、ケンカでも売るつもりか、こいつ」ということになりますね。つまり、日本語のやりとりでは、いつもそこで使われる「単語的」なレベルでの語感が取りざたされて、命題的な内容には目が向けられにくいということです。

これに対し、欧米語の You are wrong. や Vous avez tort.（英・仏どちらも「あなたはまちがっている」）のような表現では、多少ぶしつけな響きもありますが、人はそこにこだわるよりもまず、相手の言い分が正しいかどうかという「文章的」「命題的」な判断の方に注目します。使われた単語に対する好悪よりも前に、表現された事柄の正否・善悪が論じられるわけですね。まさに「判断的」な欧米語にくらべて、日本語が「感覚的」「欲望的」「嫌悪的」、そして単語の手ざわりに惑わされるという意味で「蠱惑的（こわくてき）」とされるゆえんなのでしょう。

「辞」に拘泥し、「詞」をおろそかにする

こうした森有正さんの「単語的接触」をめぐる指摘に加えて、もう一つの重要な指摘もここにあげておきたいのですが、それは書家・石川九楊さんが、かつて『中央公論』（一九九八年三月号）に、さりげなく引用されていた新幹線の車内販売の一コマです。

石川さんは販売員の女性がおかす「三五〇円ちょうどお預かりいたします」とか「一〇〇〇円からお預かりいたします」とかいったことばの誤用を指摘しながらも、単にそれを叱るわけではありません。これがもし、日本語が「三五〇円ちょうど受け取った」「一〇〇〇円預かったから釣銭を返す」と率直に言える言語であったなら、こうした誤用は起こらないだろうと言うのです。しかし実際には、もしも販売員がそのように応対したら、誤用の方は聞き流していた乗客たちも、急にきびしい顔になって、「〈お預かりしました〉〈お返しいたします〉だろう！　〈釣銭〉とは何だ！　〈お釣〉だろ、〈お釣〉！」とつめ寄ってくること必定ですね。

つまり日本語では、「受領した」と言うだけのことでも、「受け取りました」「お受けしまし

た」「頂戴しました」「頂戴いたしました」など、おびただしい言い回しがあって、そのつど適切なものを選び出さねばなりません。おかげで私たちは、ことばの表現には必ずしも本質的ではない「辞」（思い出せますか。テニヲハなどを指していましたね）の煩雑さにとりまぎれ、肝心の「詞」（概念本体）の部分をおろそかにして、「受け取る」を「預かる」と誤用したり、「一〇〇〇円からお預かり」などのおかしな表現をするはめにおちいってしまうというわけです。

石川さんはさらにそれを敷衍して、わが国における人格評価にまでこうした傾向が表れてくることを説いています。

このような、「辞」に拘泥する日本語生活を背景に、表現された内容に関わりなく、「ていねいな人（丁寧語の言いまわしの的確さの人格化）」や「謙虚な人（敬語や謙譲語の使用が的確であることの人格化）」は好まれ、意味内容にかかわらず、敬語や謙譲語や丁寧語の使用の不的確な「尊大な人」「傲慢な人」は、嫌われるという、本質を問わない人格評価が横行している。（同289頁）

そう、こうした傾向は、政治家の語りなどにもよく表れていますね。何をどうするかという具体的な政策は語られず、名前が連呼された後、「断腸の思い」などというおおげさな漢語が並べられ、「最後の最後までがんばります」とか「断固たる態度で取り組んでまいります」とかいったことばが続きますが、これは石川さん流に言えば姿勢としての「がんばり」の人格化が行なわれているということにでもなるのでしょうか。

ともあれ、森さんの指摘と石川さんの指摘とをあわせ考えてみれば、そこには、言語に対する私たちの特別なかかわり方が、おのずと浮かび上がってくるでしょう。私たちは言語と「単語的」な出会い方をするため、いきおい「感覚的」「欲望的」「嫌悪的」つまりは「蠱惑的」な接触をしてしまい、「文章的」「命題的」つまりは「判断的」な広がりを失ってしまいます。また、使い慣れた「辞」に拘泥しすぎて「詞」をおろそかにする傾向も否めません。そんな私たちの言語感覚が、ここに、はっきりと見てとれるわけですね。

顔色をうかがう日本語と役割存在

では、なぜそんなことになるのでしょうか。もうお分かりだと思いますが、わが国では、まさに万葉の昔より、大陸からどんな新しいことばが渡来してくるのか、興味津々、海のむこうにつねに目を向けておりました。そしてやってきたことばにはまだはっきりとした意味が捉えられていないのですから、まずは、その顔色（相貌）をうかがったわけですね。「魑魅魍魎（ちみもうりょう）」はいかにも「百鬼夜行」を感じさせ、「憂鬱」は「朦朧」として、まさしく「鬱鬱」とした気持ちを強いてくる。これを永年にわたって続けていけば、どうしても、私たちの言語とのかかわり方は「感覚的」「欲望的」「嫌悪的」にならざるをえません。

さらに、こうして渡来した新語は、膠着語である日本語特有のテニヲハのあいだにおさめられました。ここで私たちに近しいのは、新語の本体ではなくテニヲハの方、つまり「辞」の方ですから、「ことばの表現には必ずしも本質的ではない」とされるこの「辞」の煩雑さにとりまぎれ、肝心の「詞」の部分をおろそかにしてしまうことにもなったわけです。

煩雑さは、それだけではすみません。日本語には人称代名詞が山のようにあり、自分を指すだけでも「わたし」「わたくし」「ぼく」「おれ」「わし」「あたし」「あたい」「うち」「われ」「あっし」「てまえ」「みども」……と延々と続き、敬語も高度に発達していますので、相手との間合いをはかりながら、それらをこまやかに使い分けることも必要です。以前、別の場所でも引用したことがありますが、実に見事な投稿がありますので、ここにあげておきましょう。

君子ヒョウ変

「ワシの眼鏡知らんか」（私に）

「オレや、オレや」（友人に）

「ボクがやります」（義兄に）
「ワタクシの方からお伺いします」（上司に）
これ、ぜーんぶ、一人の男のせりふ。よくまあ、器用に変えられますこと。
（大阪府枚方市・ワシとオレとボクとワタクシの妻・五一歳）
（『朝日新聞』一九九四年七月三日）

このように日本語では、かならず自分を相手との関わりの中で捉えなければならず、そこで演じる自分自身の「役割存在」に応じて、またその「場」に応じて、考えもまた、かなり関係性に流れやすくなってしまいます。あるいはまた、そうした関係が見きわめにくい他人とことばを交わすことや、公の場で意見を表明することが苦手にもなるでしょう。

そのことを証明してくれそうな出来事を、私はパリに住んでいるころ、幾度も経験してきました。それは、あの地で行なわれる日本人同士の出会い方の特殊性です。通常、フランス人と知りあう場合には、「ボンジュール」「加賀野井秀一と申します」「中央大学に勤めています」「一か月前からパリに住み始めました」くらいの自己紹介をおたがいにサラリと交わし、すぐさま仲良くなりますね。ところが、日本人が相手だと、そう簡単にはいきません。「失礼ですが、こちらにお住まいになって、どのくらいですか」「一か月です。で、そちらさまは？」「私は一年になりますね」「どちらにお勤めですか」「金融関係です」「パリで金融関係というと○○銀行さんとか」「あ、その○○です」……というように、おたがいの情報を小出しにして、相手と自分との間合いを測り、やがて双方のステイタスがほぼ分かると、両者の話し方も決まることになります。

たとえば一方が他方の親会社の社員であったり、在仏期間が長かったりすると、少し態度がデカくなり、他方が、つとめて敬語を使ったりすることになるのです。つまり、関係性が決まれば、安心して自己表現ができる。私たちの日々の態度にも、知らないうちに日本語の特徴が表れているわけですね。

言霊思想

では、ここまで引用してきた森さん石川さんの指摘から、どういうことが明らかになるのでしょうか。森さんの指摘する「単語的」「感覚的」接触に欠けているもの、石川さんの指摘する「辞」の重視に欠けているもの、つまり、日本語に欠けているものは、まさにその単語の内実、その「詞」の内実である「意味」や「概念」であり、それによって組みたてられた「文章」や「命題」だということになるでしょう。

では、ことばというものを、その意味や概念からではなく、外観（相貌・表情）から捉えようとするとどうなるか。ことばは「物象化」し始めます。たとえば、先ほど言及した「癌」のように、そこには「何か恐いモノ」が登場してくるのです。タンクローリーの後ろにつけられた「危」の文字は、ピクトグラムになり、さらに「何か危険なモノ」の映像になるでしょう。武術の道場などで見られる掛軸の「誠」の文字をながめていると、実際に、心が洗われるような気がしたり、「仏」という文字のうちに、あるいは卒塔婆に描かれた梵語（サンスクリット）のうちに、まさしく仏が宿っているかのように見えたりするのも、このたぐいかもしれません。

そしてその先には、わが国に古くから伝えられてきた「言霊（ことだま）」思想というものが待っているのです。かつて万葉人はこう歌っていました。

磯城島（しきしま）の　大和の国は　言霊の　助くる国ぞ　ま幸（さき）くありこそ

（日本はことばの霊が助ける国です。ご無事でいてください）（『万葉集』巻十三、三二五四）

彼らによれば、ことばには不思議な実体や呪術力・霊力があり、ひとたび口に出して言われたことは、それ自身が独立した存在になって現実を左右するというのです。だからこそ、防人（さきもり）になって国に妻子を残してきた男は「妹が門見む　靡（なび）けこの山（妻のいる家が見たい。山よどいてくれ）」（『万葉集』巻二、一三二）とか「角の里見む　靡けこの山」（同巻、一三八）とか、事挙（ことあ）げする（ことばに出して言う）ことによって山をも動かしてみようとします。さらに『古今和歌集』の時代になっても、あい変わらず、やまとうたは「力をも入れずして、天地を動かし、目に見えぬ鬼神をも、哀れと思はせ、男女の仲をも和らげ」（仮名序）たりするわけです。

当然ながら皆さんからは、すぐさま、そんな荒唐無稽なこと、今ではもう誰も考えていませんよ、という答えが返ってきそうですが、なかなかどうして、あなたは入院中の友人へのお見舞いに、鉢植えのお花をもっていけますか。これは「根つく＝寝つく」という語呂あわせから、誰もが遠慮することですね。

あるいはまた、友人の結婚祝いに「包丁セット」や「調理バサミ」をプレゼントするのはいかがでしょうか。結婚式場では「切る」「去る」「別れる」「終わる」はご法度。諱・忌み言葉とされています。結婚式には「大安吉日」が選ばれ、式の最後は「末広がり」に「お開き」でなければならず、酒の席では「スルメ」は「アタリメ」。「めでタイ」や「よろコブ」が珍重されます。私も若い頃には、よく友人の結婚式の司会をおおせつかったものでしたが、いつも心がけていたことは、何よりもまず、うっかり不用意なことばを発してしまわないようにすることでした。

受験生には「スベル」は禁句ですし、あいかわらず「四」「九」は「死」「苦」につながるとして避けられます（第四章93頁の数の数え方にも影響した可能性があることを思い出してみてください）。

「シネ（死ね）ラリア」の花を「サイネリア」と読ませ、「葦《アシ》（悪し）」を「葦《ヨシ》（良し）」とするように、姓名判断で改名する人は、今も後をたちません。

大本営発表と「敵性語」

もちろん、このての言霊思想は、かつては欧米にもありました。たとえば、中世ヨーロッパの船乗りたちもまた、海の怪物クラーケンの名は、けっして口にしなかったと伝えられています。船上で「こんな天候だと、ひょっとすると、あのクラーケンがあらわれて」と言うが早いか、その怪物が実際に姿をあらわすとされていたのです。ですから人々は「ひょっとすると、あいつがあらわれて」という程度にして、あえて名指すのを避けていました。

ところが、さすがに現代にもなって、パリの友人たちにわが国の言霊の話をすると、皆、興味津々。「あのハイパーモダンな日本人が、そんなことばの〈語呂合わせ〉や〈験かつぎ〉をするなんて信じられない！」と言いながら、結構、身をのりだしてくるのです。そこで私は、したり顔でことばをつぎ、わが国ではこうした言霊が、公然とあちこちをさまよっていることを話します。

日本では、公共料金の値上げを、「値上げ」と言わず「料金改定」とするし、大学の瑣末な制度いじりを「大学改革」、変わり映えのしない政治家の首のすげかえを「政治改革」と呼ぶんだよと話すと、いや、そんなのは、どこの国にもあることじゃないか。ちょっとした言い換えでイメージ操作をする。「平和のための戦争介入」や、「新興国援助に名を借りた買収」などは同じことだろう、という反論がかえってきます。

では、街のあちこちに掲げられた標語やスローガンはどうだろうか、と私はさらに問います。東京には、至るところに標識・看板・掲示板があり、そこに「とびだすな、車は急に止まれない」「青少年の健全育成」「核兵器廃絶宣言都市」「世界人類が平和でありますように」といったさまざまなことばが書き込まれているけれど、これらは社会的な「祝詞（のりと）」ではないか。そもそもこれらに実効性はあるのかどうか。パリでこうしたたぐいのものを目にすることがあるだろうか……。そう私がたたみかけ、掲示ばかりではなく、市区町村ではさらに防災行政無線というものが、街全体に、大音量で「五時になりました。よい子の皆さん、お家に帰りましょう」と流すんだよ、とつけ加えると、さすがに彼らも「言霊の助くる国」を認めざるを得なくなるようです。

ここまでくればこちらのもの。そのあたりで私は、おもむろに、先の大戦でわが国の大本営が駆使し、それが戦争の敗因にもなったと思われる言霊思想を披露し始めます。

大本営は、満州国の建国などにあたっても大義をふりかざし、私たちは大陸を「侵略」したのではなく、理想国家建設のため、やむを得ずそこに「進出」したのだと主張していました。

そして、その理想はやがて「八紘一宇」（天が下、すべては一つの家である）という『日本書紀』の文言をちょいと手直しした有難そうなスローガンにまとめられ、南方への「進出」をも正当化していったわけです。

また、南の島から「退却」せざるを得なくなった時には、これを「転じて進んでゆく」こととして「転進」と命名しました。「後ろに方向転換して前進する」、これはどう見ても負け惜しみですけれどね。そのあげく、残念なことに、数々の部隊が「全滅」することになりましたが、これも「玉のように砕け散る」と美化して「玉砕」と呼びました。その結果、自分たちの強弁により、かえって正確な戦況をつかみそこねたわが国は、ついに「敗戦」の憂き目にあうことにもなるでしょう。

ところが、ここに教訓を見ることのできなかった新政府もまた、まるで戦争がひとりでに終わったかのように「終戦」としながら、あいも変わらず言霊にたより、ことばの言い換えによって現実から目をそむけ、「占領軍」を「進駐軍」（進んで駐留する軍隊）、「軍隊」を（最初は警察予備隊でしたが）「自衛隊」と呼び変えながら今日にいたっているわけです。

言霊思想がことばの言い換えによって現実を隠蔽する。それを大本営発表にまで広げて論じてみれば、なんとも、とりとめのない話のように思われるかもしれませんが、そうではありません。ことばによってごまかし、現実を直視しなければどうなるか。私たちはもう一つ、わが国における教訓的なエピソードを思い出しておくべきでしょう。

まさにこの大本営発表がなされていた頃、わが国では、英語は「鬼畜米英」の使う「敵性語」として排撃され、そんな言語を読んだり話したりする輩は「けがらわしい」「非国民」というレッテルが貼られていました。野球でも「セーフ」「アウト」などと言ってはならず、「よし」「だめ」とやっていたそうです。当然ながら、英語の書物は焚書にあい、私たちはかえって敵国の実情を知ることさえできなくなってしまいます。ちなみに、軍隊内部では、この敵性語への態度に大きな違いがあり、海軍は陸軍よりもずっとリベラルであったため、情報収集もはるかに優れていたようですね。

さて、これに対して、同じころのアメリカではどうだったのか。驚いたことに、ルース・ベネディクトを始めとする大勢の社会学者や人類学者が集められ、日系人キャンプに送りこまれて、日本文化や日本人のメンタリティに関する大々的な聴き取り調査が行われました。彼らにしたところで、肉親の命を奪う日本人はいまわしい「ジャップ」でも「黄色いサル」でもあったでしょうが、それにもかかわらず、彼らは徹底して日本語を駆使し、日本を理解しようとしたのです。この時の成果が、たとえばあの『菊と刀』になりました。かたや、見たくないものは見ない。こなた、見たくないほど憎ければこそ、直視して対峙する。こうした両国のあいだで、結局、勝利は後者の方に輝くことになりました。たしかに、物量の差が勝敗を決したとはいえ、何よりもまず、ことばによって現実を隠蔽しようとする側になど、とうてい勝目はなかったということでしょう。

対象物に寄り添う言語

さて、日本語がことばの「概念」や「意味内容」よりも、まずはその「表情」に注目するというところから、ずいぶんと話が広がってしまいました。ここでは、私たちが言語の表層にばかりこだわるという、いささか否定的な側面が強調されてきましたが、実は、当然ながら、日本語の優れた面もまたそのこだわりの中に隠されているのです。

森有正さんも先ほど引用した箇所で、やや否定的なニュアンスをこめながら「（日本語では）対象と主体とは〈語〉という一点において直接的に接触し、主客合一的事態を出現させる」と書いておいでしたが、まさにこれ、肯定的に捉え直してみれば日本語は、森羅万象と直接に出会い、それらに即し、それらに寄り添いながら、できるかぎりそのままの姿で表現しようとする言語だと考えることもできるでしょう。それをまず典型的な形で表しているのが助数詞です。

私たちは、さまざまなものに対し、それぞれ違った数え方をしていますね。皿は一枚・二枚、鉛筆は一本・二本、魚は一匹・二匹と、数えるものの形状や、それらが見せる何らかの特徴に応じて「枚」や「本」や「匹」を使い分けている。これが助数詞です。つまり、どんなものでもひとしなみに「ワン」「ツー」「スリー」とか「いっこ」「にこ」「さんこ」とか数えるのではなく、対象というか相手の側に寄り添って表現しているわけですね。私たちはあまり意識することもありませんが、海外からやってくる人たちには、これが実に厄介な代物だということです。

たしかに、平たいものであれば、紙も皿も布も「枚」でよく、長いものであれば、棒も竿も瓶も「本」でいいかもしれませんが、ざるそばが「枚」であったり、はちまきが「本」であったりするのは、少し分かりにくくなるでしょう。それどころか、机が「一脚」であったり、ごはんが「一膳」であったり、たたみが「一畳」であったりするのは、すべて個々に覚えなければなりません。さらには、木の葉は「一枚」とも「一葉」とも数えられるし、魚も「一匹」とも「一尾」とも数えられます。手袋ともなれば「一組」「一双」「一揃」「一点」など、人によって違ってくることでしょう。

これに加えて、ウサギが鳥のように「一羽」「二羽」と数えられるようになったいきさつを知るには、歴史の珍事などをふり返る必要があるでしょうし、どの動物を「一匹・二匹」と数え、どの動物を「一頭・二頭」と数えるかもむずかしいところです。あの蝶々だって「匹」だけでなく「頭」でも数えられることをご存じでしたか？　ですから私たちも、いざ、以下のようなものを並べられてみると、一筋縄ではいかなくなりますね。うどん（一玉、一丁、一わ、一杯）、たんす（一竿、一本）、ふすま（一領、一枚）、糸（一本、一筋、一巻）、いか・たこ（一匹、一杯）、芝居（一幕、一場、一景）、すもう（一番）、鏡・硯（一面）。

ついでにつけ加えておくならば、たとえば「本」という数え方など、さらに難度を高めます。なぜ「いちほん」「にほん」「さんほん」ではなく、「いっぽん」「にほん」「さんぼん」なのか。あるいは、「三回」は「さんかい」なのに、なぜ「三階」は「さんがい」なのか、このあたりには「連濁」などというめんどうな規則もからんでくるわけですが、皆さんは来日した人々の疑問にきちんと答えられるでしょうか。

ともあれ、相手の特徴に応じて変化する助数詞が、対象物に寄りそう日本語の姿勢をよく表していることは、あらためてお分かりいただけるかと思います。

極限の色彩名

さらにもう一つ、日本語が対象に即した表現をしている格好の例として、色彩名をあげてみましょうか。あなたは、こんなことにお気づきですか。英語では、赤い車だと「レッド・カー」、茶色い車だと「ブラウン・カー」、緑の車だと「グリーン・カー」とそれぞれ色名の形容詞をつけて話すでしょう。でも日本語では、すんなりと形容詞になるのは、この場合、「赤い」だけであって、「茶い」も「緑い」もありません。茶は「茶色い」となりますが、緑は「緑色い」とはならず、「緑の」というところに収まります。

もちろん、「茶色い」「緑の」にしたからといって表現には何の支障もありませんが、どうして一律に形容詞化して「茶い」「緑い」にならなかったのか、不思議といえば不思議ですね。欧米語の色彩名は、おおよそ、語源となったものの個別的・具体的・即物的な意味を抽象化し、カテゴリー的な語彙に発展させ、そこから形容詞も一律に派生させています。

ところが、日本語で「赤い」の形にできるのは「赤い」「青い」「黒い」「白い」の四つだけ。また、「茶色い」の形になるのは、そのほかに「黄色い」だけしかありません。それ以外はすべて名詞として「緑の」「緑色の」とするしかないのです。これはおそらく、語源を抽象化してカテゴリー的な語彙に発展させる欧米的なプロセスに対し、日本語にはこれに抵抗する何らかの力がはたらいていたのではないかと考えられます。それはいったい何なのか。おそらくは、つぎの辞書の一節がヒントをあたえてくれることでしょう。

古代語の色名は大部分染料の材料（染草）の名に由来する。染色と無関係の色名としては、赤・青・白・黒があるが、この四つは明・漠・顕・暗という光の系列を基とするもので、一々の例は色としての認識なのか光に対するものか、識別できないものが多い。（『時代別

国語大辞典 上代編』【色】の項目）

そう、まさしく赤（あか）は「明（あか）し」、黒（くろ）は「暗（くら）し」、白（しろ）は「著（しる）し」から来ているようですが、青は、「淡し」「あおによし奈良の都」などからいろいろと論じられてはいるものの、その語源については、まだ確定的なことは言えません。ともかく、具体的な個物に由来していない主要四色（青もさしあたりここに入れておきます）のみが形容詞化し、それ以外は名詞のままに置かれているというわけです。

これはやはり、欧米語が「命題的」「判断的」であるのに対して日本語が「単語的」「感覚的」であるところから来ているのではないかと思われます。つまり、命題的・判断的な欧米語は、語源を抽象化してカテゴリー的な語彙に発展させ、それを自在に駆使して自分自身の文法構造を対象の側におしつけ、対象を好きなように整除して一律に形容詞を作り出したりするのですが、単語的・感覚的な日本語は、その単語に即し、当初の語源的なものを保存し続けようとする傾向にあるわけです。

そのため、日本語の色彩名には、具体的な染料名や個々の対象名が並びます。染料から来ているものとしては「紅色」「藍色」「紫色」「黄土色」などが、また、対象物そのままの名称を使っているものとしては「橙色」「桃色」「柿色」「鼠色」「鉄色」「草色」「空色」「水色」「肌色」などがあげられるでしょうか。もちろん、ここでは、本当に「水色」はあの色なのかという疑問も起こるでしょうし、「肌色」が黄色人種の私たちの肌の色を指すのであれば、どこかで差別問題も生じるでしょう。そのため、かつて「肌色」と呼ばれていた色は現在「ペールオレンジ」「うすだいだい」などに変更されているようです。ともあれ、これではまるで「山色」「谷色」「川色」など、対象名と同じだけの色彩名があってもおかしくはないといった様相を呈しています。

さらに細かく特定されたものに由来するのは「江戸紫」や「岩井茶」でしょうか。岩井茶は、歌舞伎の五代目・岩井半四郎が好んだ「暗い灰味がかった青紫」を指しているとのこと。こんな特殊なものが一般の色彩名として採用されるのは、驚くべきことでしょうが、まだまだそれどころではありません。

たとえば「東雲(しののめ)色」。東雲とは「あけがた」「あけぼの」のことですから、夜明けに東の空が明るくなってきたほんのひとときの様相に色彩名をつけているわけです。あるいはまた「納戸(なんど)色」。今ではもう若い方々はご存知ないでしょうが、昔の日本の家屋には奥まったところに衣服や調度品などを収納しておく物置部屋があり、ここを納戸と呼んでいました。この薄暗い場所の雰囲気というか情感というか、それを「緑色を帯びた青」の色彩として採用したのでしょう。これまた、西洋流の色彩分割とはまるで違った色彩感覚が見てとれます。

最後にくるのは、なんといっても「カラスの濡れ羽色」でしょうね。まずはカラスという小さな種を特定しておいて、その羽がたまたま濡れた時に見せる「しっとりとつやのある黒」を表しているわけですが、そんな特定のものが瞬時に見せる出来事から色彩名を考案するなど、これはもう極限の命名法と言ってよいものかもしれません。ここまで微細な対象の姿に即応してゆく色彩名は、まさに日本語の個別的・具体的・即物的な特徴をはっきりと示しているのではないでしょうか。

日本、このオノマトピア

こうして、日本語の相貌性・即物性を追いかけてきた私たちは、ついに、その真骨頂とも言うべき「オノマトペ」にたどり着くことになります。オノマトペとは、ギリシア語「オノーマ」（名前）と「ポイエイン」（作る、なす）との複合語「オノマトポイーア」に由来する名称で、「擬音語」「擬声語」「擬態語」の総称です。「トントン」「ニャーニャー」「クルリ」といったあれですね。

そういえば、このオノマトペ、英語では「オノマトピーア」となりますが、世界のさまざまな言語の中でも、日本語にはこの種のことばが圧倒的に多いと思われるので、それをもじって、わが日本語は、まさに「オノマトピア」（「オノマトペ」の「ユートピア」）だと言うこともできるでしょう。

もちろん、動物の鳴き声を模したものなどは各国語に見られ、たとえばニワトリの「コケコッコー」は、英語では「コッカドゥードゥルドゥー」、フランス語では「ココリコー」、イタリア語では「キッキリキー」などとなるわけですが、ホトトギスの「テッペンカケタカ（天辺翔けたか）」やコノハズクの「ブッポーソー（仏法僧）」とまではいきません。

雨の降り方一つとっても「シトシト」「ピッチャン」「パラパラ」「ザーザー」「ドシャドシャ」と果てしなく聴き分けられ、雪が「シンシン」と降り積もるかと思えば、月が「コウコウ」（漢語の皓皓をオノマトペにしたもの）と輝き、パソコンが「サクサク」動くわけですね。ついには音のない状態でさえ「シーン」という耳鳴り音のオノマトペで表現してしまいます。

とりわけ、擬態語の発達は群を抜いていますね。「ソワソワ」「イライラ」していた人物が、「スック」と立ちあがり、「クルリ」とふり返り、「ジロリ」とにらむ。実際には少しも音は聞こえないのに（いや、人がふり返るたびに「クルリ」「クルリ」と音がしたら大変！）、私たちには、これによって状況が感覚的にも分かります。

頭の痛い時にも、それが「ズキズキ」痛いのか「チクチク」痛いのか、あるいは「ガンガン」なのか「キリキリ」なのか、そう言い分けることによって、医師にもかなり正確な状況を伝えることができるでしょう。

こんな風にオノマトペは、先に触れておいたように、森羅万象と直接に出会い、それらに即し、それらに寄り添いながら、できるかぎりそのままの姿で表現しようとする言語的な試みの一つだと考えることができるでしょう。ではなぜ、そのオノマトペが、とりわけ日本語において発達してきたのか。第四章を思い出していただきたいのですが、私たちのやまとことばは、大陸から漢字文化がおしよせて以来、抽象語を始めとする概念のかなりの部分を漢語にゆだねてしまい、和語の内部ではその方面への成長を止めてしまいました。この漢語に奪い取られてきたさまざまな概念に対抗して、和語が、いわば感覚的な領域でそれに照応するものを作り上げてきたのがオノマトペなのだと、私はひそかにそう考えています。「厳密に符合する」という表現に対して「ぴったりあう」という方が、私たちにはぴったりあうわけですね。

いずれにしても、日本語におけるオノマトペの発達には、なかなか比肩すべきものがなく、かつてはラフカディオ・ハーン（小泉八雲）が、わが国の民話を英訳する際に、こうしたオノマトペをどう訳すか苦労したという話も残っていますし、現在、日本マンガ（マンガ・ジャポネ）を仏訳する人々からも、同じ苦労を聞かされます。

とりわけ、フランス語にはオノマトペが少なく、とりあえず思いつくものといえば、猫がのどを鳴らす「ロンロン ronron」や、すぐ泣きごとを言う人の「ニャンニャン gnangnan」。あるいは、大急ぎで駆けつける様子を「ダルダル accourir dare-dare」、もったいぶることを「デシシ pas tant dechichi」と形容するぐらいのことでしょうか。

多くの欧米語では、たとえば「猫がニャーと鳴く」という表現のオノマトペは、「a cat mews」というぐあいに抽象化されて動詞に組み込まれており、この動詞が分化して語り分けることになります。つまり、歩き方で言えば、

plod：とぼとぼ歩く／stride：元気よく大股で歩く／waddle：よたよた歩く
shuffle：足を引きずって歩く／toddle：よちよち歩く

というわけですね。これに対して日本語の動詞は基本的な意味だけを表し、詳細については、現実に即し、オノマトペで感覚的に細やかに表現し分けようというわけです。

「とぼとぼ」「よちよち」「のそりのそり」「のそのそ」「のろのろ」「そろそろ」「ぶらぶら」「ふらり」「ふらふら」「しずしず」「ひょこひょこ」「ぴょこぴょこ」「のしのし」「とことこ」「てくてく」「つかつか」「せかせか」「すたすた」「どすどす」「どしどし」「たかたか」

さすが、オノマトペを自在に使うと、より細やかに、感性にまでうったえかけられるようになるでしょう。「とぼとぼ」などは、いかにもうらぶれて元気のないさまが、よく表現されていますね。おもしろいことに、スワヒリ語には、この日本語のオノマトペによく似た構成法があり、「よちよち」は「バタバタ bata bata」、「せかせか」は「チャカチャカ chaka chaka」になり、「のろのろ」の表現にあたる「ポレポレ pole pole」は東京のミニシアターの名前にまでなっています。

ともあれ、先ほどの欧米と日本との表現の違いについて、友人の飯島英一さんは、「日本の猫は副詞で鳴く、イギリスの猫は動詞で鳴く」と称し、それをタイトルにした一書を公刊されていますが（朱鳥社、二〇〇四年）、言い得て妙の表現ですね。

ところで、このオノマトペ、きわめて高度に洗練された感性的言語であり、それが通じる範囲内では見事な表現となるわけですが、一歩まちがえると、とたんにディスコミュニケーションの原因になってしまいます。今しがたのスワヒリ語の「よちよち」が「バタバタ」になるのも、すでに私たちの感性から大きくズレることになりますが、先ほどの頭痛についての言及でも、私には忘れられない思い出があります。それはパリで時々お世話になっていたドゥイエブ医師との会話の際に問題になったことなのですが、「ズキズキ」「ガンガン」「キリキリ」などの違いについて、日本語に精通している彼でさえも、私たちのように感性的に理解できるまでには時間がかかったとのことでした。

また、その話のオチに、「キリキリ」などはふつうのフランス人が聞けば、「J'ai ma' là la tête qui rit qui rit.」と受け取って、「私は笑う頭が痛い？」なんてことになるんじゃないか、ということで、ともに大笑いしたことを思い出します。

つまるところ、私たちはこうした出来事によって、どれほど感性的で高度に発達したオノマトペであっても、国境線を越えるだけで、いや言語圏を一つ越えるだけで、まったく通用しなくなる代物なのだという事実にも、あらためて気づかされることになるでしょう。

第七章

日本語の未来に向けて

日本語の未来を問う

さて、少しまとめてみましょう。第一章の冒頭で確認したように、言語は単なるコミュニケーション手段ではなく、私たちに「強制的観察」をせまる思考のツール、もしくは思考そのものでした。私たちは、そこを出発点にして、この日本語でなされる思考にはどのような傾向があり、どのような特異性が生じるのか、つまりは、日本語を用いると、知らず知らずのうちにどう考えてしまうのか、この一事をめぐって、日本語の特徴をさまざまに見てきました。

まずはハイ・コンテクスト社会としての日本の特徴を捉え、「以心伝心」や「言いさし表現」を重視する「察知」の文化をひもとき、その背後にある単一民族幻想にも言及するとともに、高度に発達した「短詩形文学」の中にその言語的裏づけを求めました。とりわけ、「本歌取り」に見られる連想の網ともなれば、その「間テキスト性（アンテルテクスチュアリテ）」（想起すべき他の作品との関係性）は世界にも類例がないほど高度に発達していましたね。

つぎに考えてみたのは、日本語が「二重言語」であるという根本的な性格でした。この性格を抜きにして、日本語を論じることはできません。偶然にも日本語は、自分とは似ても似つかぬ言語ファミリー（シナ・チベット語族）に属する中国語の表記法を採り入れたため、「二重言語」となり、そこからさまざまな特異性が生み出されることになりました。漢字に複数の読み方ができたのも、カナが（二種類も）できたのも、すべては中国語を換骨奪胎して日本語の表記法にしようとしたところから来ています。私たちは、そこから生じた「和語」「漢語」の身分差や、さらに、それが性差に結びつくことによって派生してきた「女房詞」などについても言及してみました。

そこからすれば日本語は、つまるところ「翻訳語」として発達してきたということにもなるわけで、ここに「呉音」「漢音」「唐宋音」の違いや、「訓読」、ひいては「熟字訓」から「キラキラネーム」に至るまでの、わが国における漢字文化の独自の展開も生じてくるのでしょう。当然ながら、その先には、私たちの手で漢字・漢語を造ろうという要求が起こります。そこから「国字」や「新造漢語」も生まれてきたわけですね。

私たちは、こうした長年にわたる中国語の受け入れ方が、その後の欧米からの外来語の受容法にも引きつがれていること、そして、ついには和・漢・洋をひっくるめた今日の雑種文化的な日本語のありようを招いていることにも思いをめぐらせました。そこには、和製外国語や短縮外来語などたくさんの問題点もありますが、何よりも深刻だと感じられたのは、移入したことばに対する「一知半解」や「思考停止」の問題でした。

そして最後に考えたのは、こうした多言語のさまざまな要素をあわせ呑んだ日本語が、今では、四つもの異なる字母をもち、きわめて表情に富んだ「相貌性」を見せているということです。ただし、この豊かな表情のおかげで、かえって日本語は表面的・感性的にのみ捉えられてしまうきらいもあり、その傾向が過ぎると、悪しき言霊思想にさえつながりかねない危険性があることにも言及しておきました。

ともあれ、豊かな「相貌性」は、そのまま日本語の良さでもあるわけで、たがいの表情の読み取りにたけたこの言語は、それによって、森羅万象に寄り添うことができるようになり、ひいては、あのこまやかな感性的コミュニケーションを可能にしてきたことを、私たちは「助数詞」「色彩名」「オノマトペ」などに例をとりながら確認してきました。

いかがでしょうか。これら一連の事柄をたどってきたところで、私たちには、少しずつではあっても、現在の日本語が置かれている「状況＝情況」や問題点が見えてきたのではないかと思われます。そうなると、あとに残されているのは、これからの日本語のありようを模索する作業だということになるでしょう。けれども、日本語はこうあるべきだ、このようにしよう、と私たちがいくら念じたところで、言語というものは個々人の願望や創意によって簡単に変えられるものでもありませんし、行政が介入してさえ、やはり一朝一夕に変わるものではありません。あのフランスのアカデミーにしたところで、ついに「フラングレ」の流入をはばむことができなかったのは、すでに見てきた通りです。

ただし、私たちのそれぞれが、時に、なれ親しんだ日本語から一歩退き、この言語を直視し、その長短を見きわめながら、それが私たちにかけてくるバイアスをしっかりと把握しておくならば、いつの日にか私たちも、ふと、この言語が大きく成長している姿に事後的に気づくようになるのかもしれません。そんなかすかな希望をいだきながら、最後に、「日本語はどうあるべきか」と問うことだけはしておきましょう。

「察知」から「表現」へ

これまで眺めてきたかぎり、日本語は「以心伝心」や「察知力」、あるいは「表情を読み取る力」などを高度に発達させていましたが、これらはおもに感性的＝感情的な側面の能力だということができるでしょう。それに対して、しばしば指摘されるのは、日本語における知性的＝論理的な側面の弱さです。森有正さんや石川九楊さんの指摘にもあったように、ともすると感性的になりすぎて単語的接触にとらわれ、命題的・判断的な態度がとれなくなってしまったり、「辞」の煩雑さにとりまぎれて「詞」の内容をおろそかにしてしまったりする危険性もありました。ですから、日本語にとっては、この知性的＝論理的な側面を強化することがさしあたりの急務になるだろうと思われます。

これについては、森さんの祖父、あの日本語を捨てて英語を国語にしようと主張していた森有礼のように、そもそも日本語は「談話応対」に適しているだけで、「西洋流のスピーチは西洋語でなければできない」とする考えもあり、また、そんな古色蒼然とした考えが、英語を武器にして国際的に活躍する現代のベンチャー・ビジネスマンのあいだでもよみがえりつつあるところをみれば、ここで一言つけ加えておかねばなりませんが、本来、「感情的な言語」「論理的な言語」などというものはないのです。日本語が論理的でないとすれば、それは私たちが永年にわたって論理的でない使い方をしてきたからにほかなりません。このことは、短詩形文学が永年にわたって日本語を切磋琢磨してきたために、ここまで繊細な感情表現ができるようになっているのと、ちょうど表裏の関係になりますね。だとすれば、まさに西洋語にも学びながら、ここで日本語を論理化していくのは、今後の重要な課題となるでしょう。

とはいえ、そうした西洋に学ぶ姿勢は、明治以来ずっととり続けられてきたはずですが、なぜ、いまだにそれが功を奏しないのか。この点については、一度じっくり考えてみる必要がありそうです。たとえば、私たちには「それは理屈にすぎない」とか「青臭い論理だ」とか、どこか論理を軽視する風潮がありはしないでしょうか。これは先に触れた日本語の即物性によるところもあるでしょうし、また、私たちが抽象概念を、ひたすら漢語やカタカナ語にゆだねて一知半解のままでよしとし、日常語で考え抜いてこなかったところに起因しているのかもしれません。

私たちをとりまく抽象概念のほとんどは、幕末・明治の新造漢語や現代のカタカナ語によってまかなわれているので、いまだに「哲学」などは茶の間の会話からはほど遠いところに置かれていますし、「概念」「観念」「理念」「コンセプト」などの違いを問われても、即座には答えられないのが実情ですね。

また、たとえば「多数決」のような論理も、日本的な風土にあっては、中身がすっかり変わってしまうのかもしれません。それが証拠にこの「多数決」、行使するためには、その前に徹底した議論が重ねられ、時に少数派が多数派を説得してしまうようなことが起こってもいいはずですが、いかんせん、わが国では「和をもって尊しとなす」風潮が強く、いつのまにか同調圧力がはたらき、結局、議論は敬遠され、「多数決」は多数派のアリバイ工作に使われるのがせいぜいのところでしょう。

しかし、そうは言いながらも、時はもう二十一世紀。諸国間の往来もたやすくなり、海外帰国子女の数も、在留外国人の数も、往年の比ではなくなっています。以心伝心に必要な共通前提は失われつつあり、「和をもって尊し」はおろか、察知することさえままならない多様化した社会に住みながら、私たちもまた、「他者」に向けて交渉や説得を行なう表現力を磨かねばならなくなっていることはすでに述べた通りです（56頁「以心伝心」の外に出てみるを参照）。「感性」と「論理性」とをめぐって、「察知」から「表現」へという移行は、時代が要請するところでもあるわけですね。

擬似問題を排す

もっとも、日本語が論理的でないとする考えの根拠には、まるで見当はずれでありながら、にもかかわらず、かなりの人々がいつのまにか受け入れてしまっているものもありますから、まずはそのあたりのことを片付けておきましょう。

最初にあげられるのは、日本語（もしくは日本人）は白黒をはっきりさせないということでしょうか。たしかに、「はい」「いいえ」のほかにも「ええ」とか「まあ」とか、いろいろとあいまいな応答もありますし、同時に私たちには、相手の感情をおもんばかるあまり「ノー」と拒否したくない心情もありますから、まさしく指摘される通りではありますね。でも、それを言うなら、英語にも「メイ・ビー may be」や「ソート・オヴ sort of」がありますし、「コーヒーもう少しいかが？ Some more coffee?」と問われたような時に答える「サンキュー」なども、状況によっては「イエス」にも「ノー」にもなるわけで、あれと同じようなものだと考えれば何ということもありません。

あるいはまた、否定疑問形に対する受け答えの問題もからんでくるでしょうか。「あなたは〜のことご存じないんですか? Don't you know〜?」などとたずねられるような場合、英語では、知っていれば「イエス」、知らなければ「ノー」ですが、日本語では、知っていれば「いいえ（知っていますよ）」、知らなければ「はい（知りませんでした）」と逆になってしまいましたね。そこで私たちは、英語で話している時には「イエス、いやそうじゃないノー」「ノー、いやいやイエス」と、ついしどろもどろになってしまう。そんな経験、皆さんにはありませんか。そうすると、どっちなんだはっきりしろ、まったく優柔不断なんだから、ということになるわけですね。

でも、よくよく考えてみれば、これは私たちが英語の土俵で話している場合のことであって、逆に日本語の土俵上であれば、しどろもどろを演じるのは彼らの方になるでしょう。そのうえ、知っているか知らないかということを、どんな場合にもただ単純にイエス・ノーで反復するだけの彼らに対し、日本語では、相手の質問の意図を察して（つまり、彼は私が知っていると思っているのか、知らないだろうと思っているのかによって）、その意図に沿うなら「はい」を、沿わなければ「いいえ」を使い分ける見事な気づかいがなされているということもできますね。ですから、母語の常識を盾にとって、日常のささいな経験から他言語全体のあり方を論じるようなこの手の批判は、ほとんどが擬似問題だということになるでしょう。

主語のいらない日本語

つぎによく問題にされるのは、日本語が「主語」や「所有形容詞」などをあまり使わないのであいまいだという主張ですね。でもこれも、いかがなものでしょうか。たとえば、ある方からいただいたメールの一節をひいてみます。

こんにちは、お変わりありませんか。昨日はウィーンをたって、今はパリの宿に落ち着いていています。お教えいただいたこのホテルは快適ですね。便利で、静かで、心地よく眠れます。明日はソルボンヌですが、うまくいくでしょうか。

なるほど、ここには、書き手としての主語は一度も出てきません。けれども、当然ながらウィーンやパリを移動しているのはこのメールの発信者であり、それは文章全体の背後で暗黙の裡に前提されていることになるでしょう。また、このホテルを教えたのは私ですが、それは「お教えいただいた」の敬語によって間接的に示されています。さらに、「便利」で「静か」なのはホテルですが、だとすればそれらの主語は、センテンスを越えてその前の部分から影響し続けていることになるでしょう。そして、ここで唐突に主語が変わり「心地よく眠れる」のは発信者になるわけです。こうしてみると、ここには欧米流の主語らしい主語はほとんどありませんね。

むずかしいのは、さらにその後の部分です。「明日はソルボンヌですが」は「明日はソルボンヌ（大学）で学会がありますが」という意味ですが、ここでの主語分析はどうすればいいのでしょう。学校文法では、よく「私は、私が、私も」というぐあいに、「は、が、も」がつくのが主語だとされますが、では、「は」がついているから主語は「明日」ということになるのでしょうか。

これはよく言われる「ウナギ文」の一種ですね。何を食べようかという時に、「ぼくはウナギだ」「ぼくは天ぷらだ」というあれです。学校文法による主語探しでは、「ぼく」＝「ウナギ」になったり、「ぼく」＝「天ぷら」になったりするので、つい笑ってしまうわけですが、苦しまぎれに多くの先生方は、これは変則的な文であって、本来は「ぼく（の食べたいの）はウナギだ」というカッコ内の部分が省略されたものだと説明してしまわれるようです。

しかし、問題はいっこうに片付かず、「〈食べたいの〉の〈の〉は〈もの〉という意味なので、その〈食べたいもの〉が主語となって……」とやっているうちに、「でも先生、それじゃあ〈ぼくは〉というのは何なんですか」「〈ぼくの〉の〈の〉は何ですか」「〈ぼくの食べたいのは〉は〈ぼくが食べたいのは〉としてもいいですか」「その際の違いはどこにあるのですか」

と、話はますます紛糾してゆきます。

そして最後の「うまくいくでしょうか」には、「私の発表は」という主語が省略されているのだという説明がなされることになりますが、しかしよくよく考えてみると、これほどにも主語というものが表面化せず、暗々裏に前提されていたり、省略されていたりするのであれば、むしろ、血眼（ちまなこ）になって日本語の中に主語を探すことの方に無理があり、そもそも日本語には主語などいらないのではないか、と考えるのが自然なのではないでしょうか。

それが証拠に、モントリオール大学で日本語を教えてこられた金谷武洋さんも、二〇〇二年には『日本語に主語はいらない――百年の誤謬を正す』という一書を刊行されており、そこでは、日本語文法から主語という概念をやっかい払いしたらどれほどすっきりするかということが見事に説かれています。ちょうどその三年前に、私もまた拙著『日本語の復権』で日本語における主語不要論をとなえていたので、金谷さんからご恵贈いただいた本書には、まさに力強い援軍を得た思いでした（金谷さんの説については次々節を参照）。

ついでに所有形容詞にも触れておくと、当然ながら日本語では「彼は、彼のカバンをさげて、彼の車に乗って、彼の会社に出かけました」なんて野暮な表現をすることはありませんね。「彼は、カバンをさげて、（自分の）車に乗って、会社に出かけました」で十分ですから、私も、とりわけ仏文和訳の授業などでは、くり返し生徒さんたちに「所有形容詞はほどほどに」と注意をうながしているところです。

隣室をお召し上がりください

こうしてみると、「イエス」「ノー」の話にしても、「主語」や「所有形容詞」の話にしても、日本語の非論理をあげつらう俗説にはあまり根拠のないことがお分かりいただけることと思います。もとより、ある言語が、言語そのものの要素や構造において、他の言語よりもあいまいであったり、どこかを省略していたりするようなことはありえない、というのが現代言語学の常識です。たとえば私たちは“the man I love（私が愛している人）”という英語の表現を、同じ意味のフランス語“l'homme que j'aime”と比べ、そこに（que にあたる）関係代名詞の省略があると言ってしまいそうになりますが、それをかたく禁じたのは、あの炯眼の言語学者ソシュールでした。「省略」という表現の背後には、必ず、ある基準となる言語の立場があり、その言語の思考法が、暗黙の裡に特権的な地位におかれてしまっているのです。

かつて東大総長をつとめた浜尾新が、外国人の賓客に向かって「何もございませんが、隣室でお食事をなさってください」というつもりで、“There is nothing to eat, but please eat the next room.”（ここには何も食べるものがございませんが、どうぞ隣室をお召し上がりください）とやって失笑を買ったというのは有名な話ですが、そうしたところからして、日本語の「何もございませんが」はこっけいだなどというような、やはり俗説がすんなりと受け入れられてしまいます。

これは結局、日本語の言わんとするところ、たとえば、"There is nothing special to eat"（特別な料理があるわけではございませんが）とでも言うべきところを理解せず、英語への逐語訳を笑っているだけですから、とりもなおさず、基準言語の視点にとらわれていることになるでしょう。先ほどの「ウナギ文」と同じですね。

いずれにしても、わが国では、こうした欧米流の思考法、とりわけ英語の思考法にとらわれて日本語を評価することが長年にわたって続いており、おかげで、日本語に対するおびただしい俗説が生み出され、いまだに小・中学校の国語教育では、欧米流の主語・述語文法に合わないものは変則的とする説明が大手を振ってまかり通っているありさまです。

これは「象鼻文」としても問題化していました。つまり、「象は鼻が長い」という文章では何が主語なのかということですが、学校文法からすると、「象は長い」ではおかしいから「長い」のは何かと考えて「鼻が」が主語だということになる、と説明されるわけですね。「では、〈象は〉は一体何なのですか」という生徒さんからの質問が生じると、またぞろ先生方は、「象の鼻は長い」というのが正統的な文であり、「象は」の方はちょっと変則的な文章だなどと言ってお茶をにごすようになるでしょう。でも、「象は鼻が長い」が日常あたりまえのことばとして使用されている以上、これを変則的とするのはおかしな理屈です。

すったもんだのあげく、「〜は」というのは「主語」というよりも「主題提示」なのだ、という結論におちつきました。つまり、「象は」というのは「象について言えば」ということであって、話題をそこに向けるというはたらきをするわけですね。なるほど、そうすれば「ぼくはウナギだ」も「ぼくについて言えば、（食べたいのは）ウナギだ」となってうまく説明もつくでしょう。

主語が優勢か、主題が優勢か

こうした「主語」と「主題提示」との違いについては、すでにこの象鼻文を問題にした三上章さんが一九六〇年に『象は鼻が長い――日本文法入門』で論じているのですが、残念ながら「主語―述語」擁護派に（意図的に）無視されてしまったようです。

おそらく、そのあたりのことが世界的に注目されるようになるのは、一九七六年に発表されたチャールズ・リーとサンドラ・トンプソンの共同論文「主語と主題 *Subject and Topic: A New Typology of Language*（1976）」あたりからでしょう。それによれば、世界の諸言語の中には、「主語―述語」関係によって文となるものや、「主題―題述（主題でとりあげられたものについて述べること）」関係によって文となるものなど、さまざまな度合いのものがあり、欧米語の大半を含むインド＝ヨーロッパ語族はおおよそ「主語優勢言語 subject-prominent language」、中国語やロロ＝ビルマ語を含むシナ＝チベット語族はおおよそ「主題中心言語 topic-prominent language」、そして、日本語や朝鮮語などは、その両者が並存している中間的な言語だということになってきます。

おかげで、「主語―述語」関係で世界を表現する言語のかたわらに「主題―題述」関係で世界を表現する言語もあるのだというとが言語学者たちにも広く知られ、これまでの「主語―述語」関係をふりかざす欧米流の文法も、ようやく相対化されることになってきたようです。

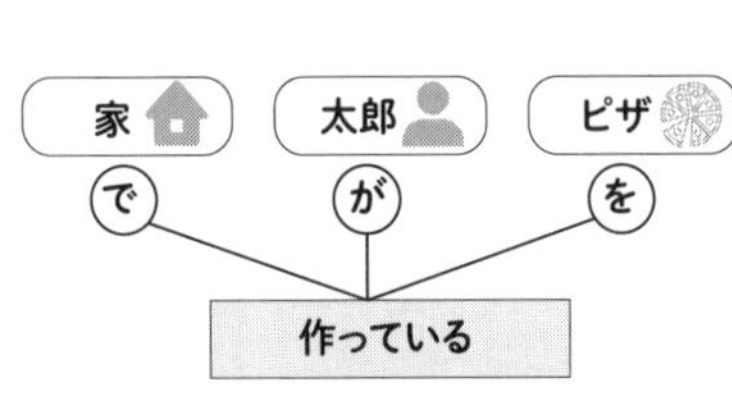

図1　補語―動詞の盆栽型図式
（金谷武洋『日本語に主語はいらない ―― 百年の誤謬を正す』、講談社選書メチエ、2002年、71頁掲載図より引用・改変）

こうして現在、そのあたりの事情を知る先生方にとっては、「象は」を主題提示、「鼻が」を主語とすることによって一件落着……かと思いきや、先ほどの金谷武洋さんは、この「～が」という部分を主語とすることにさえ問題があるというのです。なぜでしょうか。金谷さんは、たとえば「家で太郎がピザを作っている」という文章を「盆栽型」図式にして説明します（図1）。

ここでの「～で」「～が」「～を」は、すべて「で格」「が格」「を格」の補語とされ、補語は必ずしも「文に不可欠ではない」ということで、それらは必要に応じて簡単に取捨できるものになります。つまり日本語では、「家で」ということが分かりきっていれば、「太郎がピザを作っている」だけでかまわないし、「ピザを」作っていることが分かっていれば「家で太郎が作っている」だけでもかまわないわけです。

たしかに、「太郎が」という「が格」補語は、お望みとあれば「主格補語」と呼ぶこともでき、なるほど他の補語よりも多少は重要に見えるかもしれませんが、日本語では言外に太郎が暗示されてさえいれば「家でピザを作っている」と言うだけでも何ら問題がないことになるでしょう。そうだとすれば「が格」補語にも、欧米語の主語のような特権をあたえるべき理由はどこにもないというわけです。私もこれには大賛成ですね。

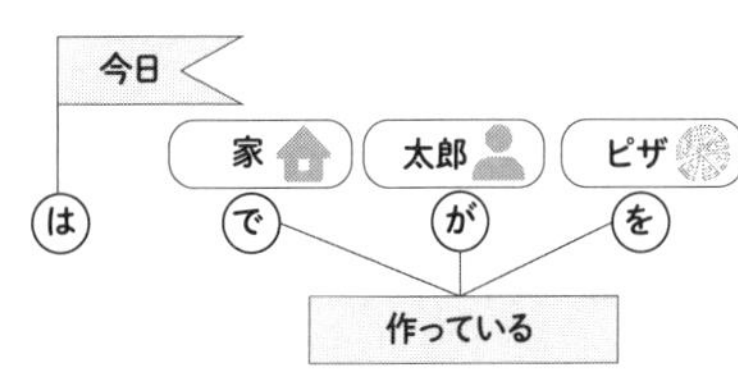

図２　主題提示部の加わった図式
（同右127頁掲載図より引用・改変）

ちなみに、この盆栽の図の中に、「今日は家で太郎がピザを作っている」という風に「今日は」という主題提示部が加わると、これがどう表現されるかといえば、金谷さんによると、他のすべての部分を超えて掲揚された旗のように、おおよそこんな感じに置かれることになるでしょう（図２）。

結論が最後にくる日本語は問題なのか？

では、ここまで欧米語の基準から生じる擬似問題を片づけてきたところで、なおも考えられる日本語への反論を探してみると、たとえば、「結論が最後にくる日本語」の問題点あたりが浮上してくることになるでしょうか。「日本語は結論が文末にくるので、何を言いたいのか分かりにくい」「最後まで聞いているのがもどかしい」「結論まで行かずに話が拡散してしまう」などといった批判がそれにあたるものですね。

たしかに、日本語は文末まで聞かないと、それが肯定文なのか否定文なのかさえ分かりません。たとえば、電車内のアナウンスで「この電車は、神田、お茶の水、四谷……には停まりません」とやられると大変でしょう。あるいはまた、あの宮沢賢治の「雨ニモマケズ」の詩のように、延々と語り続けたあげく、ようやく最後になって「サウイフモノニワタシハナリタイ」という祈願文であることが判明するような特殊な効果さえ作れますし、最後に「ナリタクナイ」がきて、詩の内容がすっかり逆転してしまうこともあるでしょう。

いずれにせよ、聴衆も読者も、聞いたり読んだりしているあいだ、作者の言いたいことが今ひとつ定かにならず、モヤモヤしたまま、ずっとサスペンス状態に置かれているわけです。日本人の議論が、欧米流に丁々発止といかないのも、やはり、ひと通り最後まで、おとなしく話を聞かねばならないという、このあたりの理由からきているのかもしれませんね。

実のところ、日本語において文末にならないとはっきりしないことは、肯定・否定だけにはとどまりません。平叙文か疑問文か、断定か推定か、過去か現在か未来か、能動か受動か、命令か、感嘆か、敬意表現か、すべては最後まで聞かないと分からない。つまり日本語は、述語が文末にきて、そこに最も比重がおかれる「述語中心構文」になっていて、それが欧米語の「主語中心構文」とはかなり違っているわけです。

欧米語では、おおよそ主語、述語、目的語あるいは補語とならび、そこへ修飾語などがついてきます。主語が最も重要で、それに述語以下のものが補足するように添えられますから、その文法がとりわけ主語にこだわるのも当然といえば当然ですね。まずは、何がどうしたということがきっぱりと述べられ、それ以外の事柄がつぎつぎに敷衍されてゆきます。つまり、「AはXである。ビコーズ、Bであり、Cであり、Dであるからだ」という形を取るわけです。ここでは単刀直入に結論が示されているので、相手の意図は一目瞭然。そのスカッとした感じから、モヤモヤ感の抜けない日本語の論調がいかにも見劣りしてしまうことになるのでしょう。

でも、本当にそうでしょうか。主語中心構文の論理展開の方が、述語中心構文のそれよりも明晰であったり優れていたりするのでしょうか。

欧米流の議論では、たしかに、最初からはっきりと「AはXである」という結論が示されていますね。でも、そうするとその時点で、「AはYだ」「AはZだ」と考えている人たちからはいっせいに反論が出されます。もちろん、発表者のビコーズ以降もじっくり聞いたあげくの反論ならいいのですが、多くの場合そうではなく、それを聞かぬままに、てんでに自説を叫び始めると言ってもいいでしょう。

かつてパリに住んでいた頃、私は毎週、名だたる思想家たちが意見を戦わせる「アポストロフ」というテレビ討論番組を楽しみに見ていたのですが、そこでもかなりの頻度で、こうした不毛なやりとりに出会うことがありました。とりわけ、政治哲学者のアンドレ・グリュックスマンが共産党シンパの某思想家に「イエスかノーかはっきりしろ」と詰めよる場面なんか、その不毛さにもかかわらずおもしろく見ていましたね。もとよりフランス人は自己主張がはげしいので、一見、会場は熱気にあふれ、さも活発な議論がかわされているかのようですが、その実、相手の言い分(ぶん)をきちんと聞かないままに、話は堂々巡りをくり返すことしばしばだったのを覚えています。

やがて私的な会話の際にも、時にこうした欧米的な論法のはがゆさを感じるようになった私は、いつのまにか、日本語的な論理展開もまんざらではないぞと考えるようになりました。日本語では「Aは」と言うと、みんな固唾をのんでつぎのことばを待ちます。そして最初に結論をもってこないので、「BでもCでもDでもあって」という理由をひとまず誰もが聞かなければなりません。それで最後に「とどのつまりXです」と言われたら、「なるほど、ここまで網羅的に見てきた結果Xなんだから、異論はないよ」となったり、「いや、Dのところに少しだけ問題があるんだが」ということで部分調整が行われたりもして、不毛な自己主張の応酬よりは、はるかに作業効率もよく、ここでは、多少とも協調的で建設的な議論がかわされることになるでしょう。

こうしてみると、いちがいに主語中心構文の方が述語中心構文よりも優れているなどと言うわけにはいきませんし、実のところ後者の弱点は、少し工夫を加えるだけですっかりカバーすることもできるのです。先にご紹介したあの電車内アナウンス、実際の運用では、結論を先にもってきて「この電車の停まります駅は、東京、神田、お茶の水、四谷……」とやっていること、皆さんはお気づきでしたか。

「ズームイン」と「ズームアウト」の思考法

それどころか、さらに考えを進めてゆくと、むしろ述語中心構文の方が優れているのではないかと思われる点さえ出てきます。

先ほど見たように、欧米語では、おおよそ主語、述語、目的語あるいは補語ときて、そこに修飾語などがついてきます。これに対し日本語では、主題もしくは主語、目的語もしくは補語ときて、そのいずれにも修飾語がたっぷりとついたあげく、最後に述語がやってくることになります。文の中心は述語にあって、それ以外の要素は表現されないこともありました。

つまり、欧米語による思考の道筋は、「主語─述語」が緊密に結びつく固い核が中心になって、それが関係代名詞や理由を述べる接続詞などによって敷衍されながら広がり、因果的・論理的に展開してゆきます。それに対し日本語では、まずは主題提示によって大まかな状況のようなものが描かれ始め、次第にそれが明確化され限定されながら、ついには述語の中へと収斂してゆくわけです。これはどことなく、手紙に宛名を書こうとする時の彼我の違いに似ているのではないでしょうか。

私たちは（日本国）高知県高知市帯屋町〇〇丁目〇〇番地のように、（国名）、県名、都市名、町名、番地、そして最後に個人名という順で書きますが、欧米ではそれが逆になるというあの違いですね。これはまた、個人名を姓名の順で「加賀野井秀一」と書くか名姓の順で「Shuichi Kaganoi」と書くかというところでも、あるいはまた、日時を表すのに「二〇二四年三月四日」と書くか「The 4th of March 2024」と書くかというところでも同じように言えることでしょう。

日本式は大きなカテゴリーから小さなカテゴリーへと絞りこんでゆく「ズームイン」のスタイル、欧米式は小さなカテゴリーから大きなカテゴリーへと広げてゆく「ズームアウト」のスタイルと言うこともできますが（この表現は、『言語vs認知の脳内抗争史』の柴田勝征さんから借りています）、どうしてこんな違いが生じるのか、考えてみれば不思議ですね。日本式は私たちの集団主義に由来し、欧米式は彼らの個人主義に由来する、などと言われたりもしますが、本当にそうでしょうか。余談になりますが、いつだったか教壇にたった哲学者のジル・ドゥルーズが、この違いについて、さもおもしろそうに語っていたことなどなつかしく思い出します。

ところでこの場合、ズームインとズームアウト、どちらが優れているのでしょう。手紙の宛先に関しては、明らかに日本式ズームインの方ですね。これについては、幾度か欧米の友人たちと話し合ったこともありますが、最終的には、いつもそろってズームインの方に軍配をあげたものでした。

だいいち、郵便物を集配箱に仕分ける際、のっけから見ず知らずの固有名詞など提示されても、はたしてどうすればいいのか。また、これに番地の無意味な数字が続いたら、一体それをどこに置けばいいのか。やはり、まずは国別のグループに分け、それを都市別に分けて、さらに、さらに、と下位区分していく以外に方法はありません。欧米の配達員さんだって、本当は、末尾の大きなカテゴリーから順にさかのぼって見ていることになるわけです。だとすれば、同じズームインのスタイルをもつ日本式述語中心構文にも、やはり同じ優れた点が認められるのではないかと考えてみるのが道理というもの。そして実際に検討してみると、まさにその通りでもあるのです。

では、述語中心構文の優れた点とは何なのか、再びあの「象は鼻が長い」という文を例にとって考えてみましょう。

私たちのまわりには森羅万象が横たわっていますが、とりたてて興味を引くものがなければ、それらは輪郭も定かでないまどろみの中にあると言ってもいいでしょう。ところが、ひとたびどこかに注意がひかれると、私の中ではその意識領域が大ざっぱに区画され、たとえば「象は」という主題提示がなされます。そしてそれを皮切りに、この領域内では、私の意識がさらにズームインし、今度は象の鼻に集中して、そこで「鼻が」ということばが発せられることになるでしょう。さらにそれらの動きはあいまって鼻の長さへの驚きに収斂し、ついに「長い」ということばで結ばれます。もちろんそのあいだには「あそこに見える」象であったり、「のばした時の」鼻であったり、それが「驚くほど」長かったりと、さまざまに関連した表現も加わってくるに違いありません。こうした一連の動きを見ていると、このズームインの思考プロセスは、どうやら、私たちが世界を知覚するごく自然なプロセスをそのままなぞっているのではないか、ということに思い至ります。

少し硬い表現になって恐縮ですが、私たちの目前には、いつも一つの「知覚野（シャン・ペルセプティフ）」と呼ばれる漠然とした意識の領野が広がっています。ここに、ある時ふと、知覚に対するかすかなうながしのようなものが生じるのですが、このうながしは少しずつ意識化のプロセスをたどり、次第に形を取って、ついには命名というレベルにまで達することになるでしょう。そこで私たちは、「～は」という言い回しによって、言語表現への決定的な第一歩をふみ出すことにもなるわけです。

ちょっと大げさな言い方かもしれませんが、「～は」という主題提示には、欧米語の主語にはない「知覚」領域の画定と、「知覚」から「言語」への移行の契機とがともに含みこまれており、まさしくここにこそ、欧米語には見られない「～は」のもつ認識論的な重要性があると言うことができるでしょう。

ちなみに、世界のヘゲモニーを握る欧米語と触れあう機会の多い私たちは、ズームアウトや主語中心構文が世界標準だと思いこみかねませんが、実際には、日本語のようにズームインを得意とする述語中心構文の言語は世界に広く分布し、ＳＶＯやＳＯＶ（Ｓは主語、Ｖは動詞、Ｏは目的語）などのやや単純化した文型の指標から見ても、むしろＳＶＯよりもＳＯＶの形を取る言語の方が多数派であることは、ここにあえてつけ加えておきましょう。こちらの方が多数派になるのは、やはり素朴な知覚プロセスに忠実であるというところから来ているのでしょうね。

さて、この主題提示という決定的な第一歩がふみ出されてしまえば、後は、言語上での細かい限定作業が続けられるばかりです。思考するということは、結局、思考する領域をいっそう細かく画定し、いっそうはっきりさせてゆくことにほかなりません。こうした明確化の歩みは、ズームインのスタイルで広範な領野からしだいに絞りこまれているので、それはそっくりそのまま「探索的」になり「帰納的」になることでしょう。さらにまた、その表現の歩みが一個人のことばによってなされるものであれ、対話者のことばを含むものであれ、いずれにしても共通の領野の中が区画されるものですから、重ねられることばは当然ながら「協調的」なものになりますね。

これに対して欧米語の論理はどうでしょうか。「AはXである。ビコーズ、Bであり、Cであり、Dであるからだ」――こうしたズームアウトの論理は、どうしても、すでにピンポイントに明確化したXから始まりますので、「既定的」「演繹的」「対立的」にならざるをえません。それはすでに「AはXである」と言ったところで勝負がついているわけで、結論は、それが正しいか誤っているか、二つに一つしかないのです。つまり、このような欧米語の論理は、あらかじめ論者の中で決着のついた事柄を戦わせるには好都合ですが、日本語のように、ともに探索し、帰納し、協調し、徐々に不確かなものから確かな結論を導き出してゆくような論理にはどうもなりにくい感じがします。

その意味では日本語の論理の方が、実は、はるかに「発見的」であり「創造的」なのですが、いかんせん、そこには私たち自身が、この論理をそれにふさわしい仕方で用いることができていないという残念な現実もあるのです。なぜでしょうか。

先ほど日本語の述語中心構文の問題点としてあげられていた「結論が文末にくるので、何を言いたいのか分かりにくい」「最後まで聞いているのがもどかしい」といった点については、それがメリットでもデメリットでもあるということで納得できましたが、もう一つ残っていた「結論まで行かずに話が拡散してしまう」という問題については、あらためて考えておく必要がありそうです。

ワード、センテンス、パラグラフ

日本語の現場で「話が拡散してしまう」ものの代表格としては、何よりもまず、結婚式の祝辞などがあげられるでしょう。新郎の会社の社長さんあたりがこれを始めると、とんでもないことになりかねませんね。

まずは簡単なあいさつの後、「新郎○○君は」と主題提示がなされ、その後、AでもありBでもありと、ひとくさり彼への賛辞が続いて、ここまではいいのですが、やがて彼の所属部署の話などをきっかけに、「この部署は、わが社の将来をになうものとして特別に設置いたしまして、云々」ということになり、そこから会社のＰＲめいた話になったかと思うと、ついには会社創設のころからのご自身の苦労談を延々と語り始め、もはや司会者の心配などどこ吹く風。シャンパングラスの泡も消え、ついに出席者も我慢の限界に達する頃になって、ようやく社長さん、ご自分の話の大拡散に気づき、あわてて尻切れトンボで終わります。「まあ、いろいろとお話しいたしましたが、これをもって祝辞に代えさせていただきます」。

いやはや、こんなものを祝辞に代えられると、そのたびにあの森有礼のことばがよみがえり、やはり日本語は「談話応対」に適しているだけで、「西洋流のスピーチは西洋語でなければできない」と言われても仕方のないことかなあ、と思ってしまうのは私だけでしょうか。

ともあれ、この社長さんのスピーチ、日本語の今後を考える上では、簡単に笑ってすませるものではなく、まさしくここで露わになった、話の脈絡をうまく統御できず、とりとめなく拡散させてしまうという特徴にこそ、現代日本語における重要な問題が残されているように思われるのです。

これまで見てきたように、日本語は、述語中心構文ですので、主題提示の後には結論を先送りしながら広い範囲を自在に経めぐり、しかし、その経路については吟味し、統御し、ズームインしながら、最後に誰もが納得のいくよう、これをしかるべきところに収斂させることが肝要でした。つまり、欧米式の「主語―述語」の固い核からすべてを派生させるのではなく、話の全体像をおおまかに把握しながら、次第に結論へと絞りこんでいけるような柔軟な構想力を必要としていたのです。

でも、残念ながら、あの社長さんのスピーチに象徴されるように、私たちのあいだでは、こうした構想力はあまり根づいておらず、話はちょっとした語句の感触、ちょっとしたことばの綾に左右されて、あちらこちらに大きくブレてしまいます。理由は何かと考えると、浮かんでくるのはまたもや、森有正さんの言う「語」的接触であり、石川九楊さんの言う「辞」へのこだわりになるでしょうか。あるいは、もっと一般化して言うならば、日本語で考える際の言語的エレメントが比較的小さく、したがって、それをまたきわめて感性的に扱っているということでしょうか。

つまり、短歌や俳句などの創作にたけ、国民的なスケールで一首を詠み一句をひねるような私たちは、「語（ワード）」や、その語によって連想される他の語、そしてそれらのはざまに感知される「趣」などには実に敏感なのですが、それらがつながりあってできている「文（センテンス）」のレベルや、その文が重なりあってできている「段落（パラグラフ）」や「章（チャプター）」などのレベルになると、急に縁遠い感じになってくるのではないか。ここが問題なんですね。

事実、学生さんたちと話していても、この作家のこの言い回しが光っているとか、ここの表現がにくいねとか、小さな語的エレメントについては感受性豊かに語ってくれるのですが、あの文とこの文とが矛盾しているとか、あの段落とこの段落とのあいだには飛躍があるとかいったことの指摘はほとんどありません。

そのうえ、今や社会全般にわたって、漢語やテニヲハの感覚が微妙に狂い始めてもいるのです。ある漢語が能動態で使われるべきものか受動態で使われるべきものかは、語レベルではなく文レベルで身につくものですし、テニヲハにしてもまた同様。これらが狂ってくるということは、とりもなおさず、日本語の文レベル以上の能力が揺らいでいることになるでしょう。たとえば、つぎのような例ですね。

船はミサイル攻撃を受け撃沈したとみられています

南部マリウポリを陥落した去る五月、ダムも決壊されました

通常は八発を同時に飛翔して敵を破壊します

大事な人に感染したくないと思ったので、接種を打ちに行って良かった

後発品が六月に発売するようです

政府を痛烈に批判する詩を書き、流布し続けたあげく、投獄された

「大東亜共栄圏」を瓦解せよ

敬愛なるベートーヴェン

これらはすべてＴＶニュース、企業広告、映画のタイトル、辞書、書評など、さまざまなジャンルから書き写しておいたものですが、ほかにも、「ロシア軍を壊滅させる」が「ロシア軍を壊滅する」になっていたり、「除隊させられた」が「除隊された」、「頭をよぎる」が「頭によぎる」、「三人に切りつける」が「三人を切りつける」になっていたりするのです。もっと微妙なところでは、「神社に参拝する」が「神社を参拝する」、「ウクライナに侵攻した」が「ウクライナを侵攻した」、「わらにもすがる思い」が「わらをもすがる思い」となり、さらには「耐久性を向上させる」が「耐久性を向上する」、「手榴弾を落下させる」が「手榴弾を落下する」、「動物と触れあう」が「動物に触れあう」となってもいるわけですね。まあ、「爆弾が

家を直撃した」が「家に直撃した」となるのは、もはや許容範囲というべきでしょうか。ほとんどのテレビ局で使われておりました。

こうしてみると、どうやら現在の日本語に必要とされているのは、文や段落レベルの表現を正確にこなし、それらを自在に統御しながら、均衡のとれた結論に導くことのできる能力であり、これを体現することこそが、まさしく述語中心構文の利点を生かすための最後の仕上げとなるのでしょう。

思索のプロセスを線描化する

ところで、この文や段落のレベルにおける私たちの感覚を狂わせてきたものは何なのか。ここまでお読みくださった読者諸兄姉にはもうお分かりのように、それは何よりもまず、私たちのあいだで高度に発達してきた「以心伝心」や「察知」の文化だということができるでしょう。もの分かりのよさがかえって仇となり、表現者を甘やかせてしまったわけですね。おかげで私たちは、文全体、もしくは段落全体をはっきり語る努力をおこたり、「一語文」や「言いさし表現」に依存し続けた結果、ふと気がついてみたら、きちんとした物言いができなくなってしまっていた、というのが実情ではないかと思われます。

では、この文や段落レベルの言語感覚を養ってゆくにはどうすればいいのか。それには、相手の察知能力に依存することなく、まずは一度、私たちの論理の筋道をきっちりたどってみることが必要になるでしょう。

論理は、まさにこの「筋道」というところからしても、その軌跡を「線」で表すことができそうです。そこからすれば、欧米語による推論は線描画になるでしょうが、日本語では、かなり荒っぽい点描画になってしまいます。それもそのはず、日本語は、まさしく「以心伝心」や「察知」のおかげで、推論のプロセスをいちいち表現する必要がなく、要所々々に里程標をたてるだけでよかったわけですね。外部の眼には、俳句や禅問答の論理がどれほど飛躍したものに映るのか、考えてもみてください。

もちろん、点描画といっても、そのプロセスはきちんと辿られているはずですので、必要とあればすぐさまトレースできそうですが、時に、論理の飛躍が解消されないまま、筋道がつけられなくなるものも出てこないとは限りません。なにしろ甘やかされた表現者の中には、永年にわたって「鰯の頭も信心から」敬われている者もいますからね。

ところで、このように論理に筋道をつけるということは、それまで言わずして理解されていた部分をきちんと言語化するわけですから、「冗長性」なり「冗語性」なりが高くなります。いわば家族間の会話のようなものを、もっと法律用語めいたものに近づけ、多少くどくなるのもいとわず、誤解のないよう語ることになるでしょう。

その際、日本語圏内でしか通用しない「キリキリ痛む」などの表現は、場合に応じて、「錐をさし込まれるように痛む」と言い換え、さらに「錐」という道具さえないところであれば「とがったものをさし込まれるように痛む」と言い換えて、次第に一般的で抽象的な表現へと移行することになるでしょう。あるいはまた、本を「一冊」、皿を「一枚」と助数詞によって区別することをひかえ、本も皿も「一つ」とすべき時もあるでしょう。いずれにしても、万人が分かるように隅々まできちんと語り、なれ合いの論理の飛躍がないよう、思索をたどりなおしてみることが肝要です。

このように思索のプロセスを線描化することによって、文レベル以上の表現力は切磋琢磨されますし、また、こうしてくまなく表現された思索によってこそ、前提を共有しない人々やコンテクストの埒外にいる人々を排除しない社会も可能になろうというものです。そのうえ、もちろんこれは、先に触れておいた「『他者』に向けて交渉や説得を行なう表現力」にもなり、さらには、森さんの言う、ものとの「命題的」で「判断的」な接触をすることにもなるはずです。

さて、こうしておおよその線描画ができたなら、今度は、その部分となる一本の線分（センテンス）や、幾本かの線分のまとまり（パラグラフ、チャプター）をパターン認識するというか、それぞれのユニットとして捉え、それらを簡単なイメージにまとめ、全体像の中に配置することになるでしょう。ここでは一見したところ、個々のユニットが寄り集まって全体を作り上げるかのように見えますが、そうではなく、むしろ全体的なヴィジョンの方がユニットそれぞれに意味を与え、それらをしかるべき場所に配置しているのであって、まさしくその方向性は、あの全体像の粗描から個々の細部を明確化してゆくズームインの形になっているわけです。

こうして論理に筋道が通り、その全体像が描き出され、おのずとそこに命題的なユニットの配置が見えてくれば、もはや新郎の会社の社長さんも、祝辞を収斂させるべき着地点を見失うことはなくなるでしょう。

話すために聞き、書くために読む

もっとも、これによって論理の筋道ははっきり捉えられるようになり、話の拡散を防げるようにはなるかもしれませんが、だからといって、すぐさま漢語の能動・受動が分かるわけではありませんし、テニヲハの感覚の狂いなども矯正されるわけではありません。そのあたりのことを会得するためには、それを見事に体現しているモデルが必要になってくるでしょう。幼児の言語習得と同じように、話すためには聞かなければならず、書くためには読まなければなりません。簡潔で、リズムがあって、しかも論理が一本通っている、そんな談話や書物と出会うことが何よりも大切になるわけです。

たとえば、石川淳‥

国の守は狩を好んだ。小鷹狩、大鷹狩、鹿狩、猪狩、日の吉凶をえらばず、ひたすら鳥けものの影に憑かれて、あまねく山野を駆けめぐり、生きものと見ればこれをあさりつくしたが、しかし小鳩にも子兎にも、この守の手づからはなった矢さきにかかるやうな獲物はついぞ一度も無かった。（「紫苑物語」）

あるいは、小林秀雄‥

梅若の能楽堂で、万三郎の當麻（たえま）を見た。
僕は、星が輝き、雪が消え残った夜道を歩いていた。何故、あの夢を破る様な笛の音や大鼓の音が、いつまでも耳に残るのであらうか。夢はまさしく破られたのではあるまいか。白い袖が翻り、金色の冠がきらめき、中将姫は、未だ眼の前を舞っている様子であった。（「當麻」）

もっと新しいところでは、加藤周一‥

碩学井筒俊彦氏の『イスラーム思想史』（岩波書店、一九七五年）は、七世紀から一三世紀にかけて、イスラーム思想の発展を、その代表的な神学者・神秘家・スコラ哲学者の所説を通して、整然と叙述する。平易明快、興味の津々として尽きるところを知らず、私が北国の旅窓にこの本を読み終ったときには、長い冬の夜も白々と明けはじめていた。（「神秘主義または『イスラーム思想史』の事」）

これら名文からの学びというものは、語がつながって文になり、文が集まって段落や章になるというモザイク的な発想とはまったく違ってきます。一塊の文レベルでの聴取や読み取りがくり返され、ひとたびモデル文の呼吸が体得されると、いざ、みずからが表現しようとする際にも、まず始めには、体得された語りのリズムのようなものが、どこからともなくやってきて、それがおおまかに章や段落を思い描きながら、文を手探りし、最終的に語を吟味して定着させてゆくというプロセスをたどるので、これまたズームインの歩みになってくるのです。不思議ですね。

ともかく、文レベル以上の日本語力をつけるためには、先人のモデル文をたくさん仕入れねばなりませんし、それらを体得して、自分自身の表現のリズムやスタイルに取りこんでいかねばなりません。こういう表現力を可能にするためには、私たちも「今、どこ?」「駅についたとこ。」なんていうメールのやりとりばかりをしているわけにはいかないでしょうし、文科省にも、従来の教科書検定の指針を、今一度、考え直す必要が生じるようになるでしょう。もちろん、そのあたりのことはまたあらためて論じるとして、さしあたっては、モデル文の重要性のみ指摘しておくことにいたします。話すためには聞き、書くためには読むのです。

こうして述語中心構文の日本語も、たとえば、思索の線描化によって拡散をまぬがれ、あるいはモデル文の体得によって漢語の誤用やテニヲハの狂いから抜け出すことができるようになるはずです。

とはいえ、あまりにも隅々まで言語化し、命題的なレベルにばかりかかずらっていたのでは、あの日本語に優位性をもたらしてくれていた「以心伝心」や「察知」は一体どうなるのか、と、懸念される向きもあるでしょう。けれども、心配はご無用。しばらくは誰にでも分かるような冗長度の高いことばが使われるとしても、それによって広く他者との相互理解が得られたあかつきには、彼らとのあいだにもまた新しい共通前提が築き上げられ、お望みとあれば、やがて「以心伝心」も「察知」も意のままになるだろうと思われます。なにしろ、今日ここまで高度に発達してきた日本語ですから、これからもその程度のことができないはずはありません。

エピローグ

「感情的な日本語」とは何か？

エピローグ 「感情的な日本語」とは何か？

さて、ここまで日本語をさまざまな側面からながめ、その将来の姿にも思いをはせてみたところで、私たちの目には、この言語の特徴が、今や、はっきりと見えてきたのではないでしょうか。

そう、それはまさしく、ことばを使用する以前から敏感に状況を察知し、具体的・感情的な側面を高度に発達させ、そのこまやかな心づかいを和歌や俳句に遺憾なく発揮するような言語でありながら、他方、抽象的・論理的な側面においては、比較的、未熟なままに放置され、国際間の交渉などでは議論負けして、一敗地にまみれるタイプの言語だと言えるでしょう。それはまた、相手との単語的・蠱惑的な接触が得意で、命題的・判断的な接触が苦手な言語でもありました。ひとことで言えば「感情的な日本語」です。

ただし、すでに指摘しておいたように（204頁）、本来、「感情的な言語」「論理的な言語」などというものはありません。ある言語が、とりわけ感情的であったり、論理的であったりするのであれば、それは、その言語の話者たちが、長年にわたってそうしてきたからにすぎないのです。私たちの日本語が感情的であるとしたら、私たち自身が感情的であり、いきおい、日本語にもそうあることを望んできたからでしょうね。

私たちは、万事において単語的・蠱惑的な接触をしながら些事に心を動かしますが、ともするとそのせいで、命題的・判断的な側面がおろそかになり、論理の構造が見えなくなってしまうのかもしれません。つまりは近視眼的になり、遠望がきかなくなってしまう。それを言語構造の視点からすれば、ワードには敏感だけれど、センテンス、パラグラフのレヴェルには疎いという特徴にも表れるものでした。

これは、ひょっとすると言語に限らず、私たちのさまざまな世界の捉え方についても言えることかもしれません。いつだったか、盆栽を収集している某趣味人のお庭を拝見したことがありましたが、このとき、私には何か釈然としない気持ちが残ったのです。ひとつひとつの盆栽は丹精こめて仕上げられているものの、どことなくそれらの並べ方がおざなりであったり、その周囲にはブルーシートや錆びた道具類が無造作におかれていたりして……つまり、この家の主は、個々の盆栽の完結した小世界には通じているものの、それらが共存するいっそう広い世界には盲目だったわけですね。

あるいはまた、わが国の、あちこちの公園をたずねてみると、芝生や樹木の手入れは見事であったとしても、そこに目ざわりな「立入禁止」の札が（できるだけ目立つように）立てられていたり、立木にも「いちょう」だとか「けやき」だとかの札がかけられていたり、さらに近くには「護美箱」と大書された原色のゴミ箱がおかれていたりと、いかにも残念な光景が見うけられるでしょう。かつては「借景」などさりげなく行なっていたわが同胞なのに、なぜでしょうか。

これに対し、私がしばしば住むことになったパリでは、やはり公園に「芝生内立入禁止 **pelouse interdite**」の札はありましたが、あまり目立たぬよう、周囲と同じ緑や茶に塗られ、ゴミ箱もひかえめにおかれていました。これこそ、命題的・判断的な接触に対応した「遠望する視覚」とでも言うべきものでしょうか。こうした彼我の差は、都市景観条例の差にもよく表れていますね。もちろん、それぞれの文化には一長一短があり、優劣を論じることも、一方を他方へ移入することも、簡単にはできませんが、ただ、この「遠望する視覚」については、命題的・判断的接触とともに、私たちにも大いに見習うべきところがあるように思われます。

昨今、電車内を見渡してみても、誰もが周囲を意識するでもなく、移りゆく窓外の景色を眺めるでもなく、ほぼ全員がそろってスマートフォンの画面をのぞきこんでいることに驚きます。もちろん、そこには地球の裏側のニュースも、歴史をめぐる話題も欠けることはなく、いわば誰もがその小さな画面を通して世界中とつながり、さらにはメタバースの新天地さえ生み出しているのだと言うこともできるでしょう。

でも、見方を変えてみれば、しょせんは小さな画面の中にくり広げられる近視眼的な絵空事。私たちがヒューマン・インターフェイス（人間にとって便利な接続装置）を用いて情報処理しているはずが、実は、果てしない情報空間の中で、私たち自身がその名のとおり「ヒューマン・インターフェイス（人間という接続装置）」になりさがって、黙々と入出力させられているのかもしれません。

プロローグでも触れたように、もしもChatGPTの恩恵によって私たちの言語能力が失われる可能性があるとすれば、スマートフォンのちっぽけな窓に映る像によって、それを世界ととり違えたり、つねに傍観者的な生き方しかできなくなったりする可能性もないとは言い切れないでしょうね。

さあ、今こそ小さな窓から顔をあげ、哲学者アランが常々語っていたことば「遠くを見よRegarde au loin!」を実践してみてください。ここではどんな最新機器もいりません。ただ「遠望する視覚」とそこから紡ぎ出される「ことばの力」だけが、世界を捉えなおすきっかけを作ってくれることでしょう。

Levez la tête et contemplez le ciel　　顔をあげて、じっと空をご覧なさい

Regardez le soleil
Caressez un cheval
Respirez une fleur
Regardez des arbres
Pensez que demain est un autre jour

太陽を眺め
馬の背をなで
花の香をかいで
木々を見つめてみてください
明日にはまた、新たな一日の訪れがあるでしょう

（よみ人知らず）

＊＊＊

久々に一冊、日本語論をまとめてみました。これは大学を定年退職したばかりだった私にとっては、実にありがたい日々の仕事となり、ご依頼くださった教育評論社には心から感謝しています。長年続けてきた毎日のルーティン・ワークから突如解放され、コロナ禍の分断された社会の中に放り出された身にとって、自由は、嬉しくもあり疎ましくもあり、しばらくはその身をもてあますことになったのですが、この間、少しずつなすべき仕事があるのは、本当にありがたいことでした。

今回はまた、清水恵さんという有能な編集者に恵まれ、ともすると独りよがりになりがちな

私の文章にも、有益な数々のアドバイスをいただきました。おかげで漢字はできるかぎり制限し、文意の明確化にこれつとめ、その結果、かなりすっきりした体裁になったのではないかと自負しています。最後に、長年、日本語についてともに研鑽を積んできた「ことのは会」の皆さんへ感謝を込めつつ、願わくば、本書が日本語論議に一石を投じることができ、読者諸氏に広く受け入れられんことを！

二〇二三年一二月

加賀野井秀一

【主要参考文献】

アウグスティヌス『告白』山口晶訳、中公文庫、二〇一四年
石川九楊「新説・日本語はこうして作られた」「中央公論」(1998年3月号)、中央公論社、一九九八年
石川淳『紫苑物語』新潮文庫、一九五七年
B.L.ウォーフ『言語・思考・現実』池上嘉彦訳、講談社学術文庫、一九九三年
エドワード・T.ホール『文化を超えて』岩田慶治、谷泰訳、TBSブリタニカ、一九九三年
加賀野井秀一『日本語の復権』講談社現代新書、一九九七年
加藤周一「神秘主義または『イスラーム思想史』の事」『加藤周一自選集 5』鷲巣力編、岩波書店、二〇一〇年
金谷武洋『日本語には主語はいらない――百年の誤謬を正す』講談社選書メチエ、二〇〇二年
小林秀雄「當麻」『小林秀雄全集　第六巻』新潮社、一九九五年
佐竹昭広『古語雑談』平凡社ライブラリー、二〇〇八年
サピア、E.&B.L.ウォーフ他『文化人類学と言語学』池上嘉彦訳、弘文堂、一九九五年
柴田勝征『言語 vs 認知の脳内抗争史――西洋脳と東洋脳をめぐる新たな知の冒険』花伝社、二〇一五年
スタンダール『赤と黒(上・下)』桑原武夫訳、岩波文庫、一九五八年

飛田良文『明治生まれの日本語』角川ソフィア文庫、二〇一九年

夏目漱石「日記・断片（上）」『定本　漱石全集19巻』岩波書店、二〇一八年

ブレント・バーリン&ポール・ケイ『基本の色彩語：普遍性と進化について』日高杏子訳、法政大学出版局、二〇一六年

三上章『象は鼻が長い――日本文法入門』くろしお出版、一九六〇年

本居宣長「排盧小船」『本居宣長全集第3冊』村岡典嗣校注、岩波書店、一九四三年

森有正「『ことば』について想うこと」『森有正全集3』筑摩書房、一九七九年

モリエール「才女気取り」『モリエール全集4』鈴木力衛訳、中央公論社、一九七三年

矢崎源九郎『日本の翻訳語』岩波新書、一九六四年

柳父章『翻訳とはなにか――日本語と翻訳文化』法政大学出版局、二〇〇三年

吉川幸次郎「国語について」『中国への郷愁』『吉川幸次郎全集第18巻（日本篇　下）』筑摩書房、一九七五年

Antoine Baudeau de Somaize. Le grand dictionnaire des précieuses, historique, poetique, geographique. 1661.

René Étiemble. *Parlez-vous franglais ?* FOLIO ACTUEL. 1991.

『時代別国語大辞典　上代編』上代語辞典編修委員会編（澤瀉久孝編修代表）、三省堂、一九六七年

＊本文中の和文史料は以下の本を参照した。

＊史料の引用では、一部のかなを筆者の責任において漢字に改めている。

佐竹昭広・山田英雄・工藤力男・大谷雅夫・山崎福之校注「万葉集　一」（新日本古典文学大系1）岩波書店、一九九九年

佐竹昭広・山田英雄・工藤力男・大谷雅夫・山崎福之校注「万葉集　二」（新日本古典文学大系2）岩波書店、二〇〇〇年

佐竹昭広・山田英雄・工藤力男・大谷雅夫・山崎福之校注「万葉集　三」（新日本古典文学大系3）岩波書店、二〇〇二年

佐竹昭広・山田英雄・工藤力男・大谷雅夫・山崎福之校注「万葉集　四」（新日本古典文学大系4）岩波書店、二〇〇三年

小島憲之・新井栄蔵校注「古今和歌集」（新日本古典文学大系5）岩波書店、一九八九年

久保田淳・平田喜信校注「後拾遺和歌集」（新日本古典文学大系8）岩波書店、一九九四年

田中裕・赤瀬信吾校注「新古今和歌集」（新日本古典文学大系11）岩波書店、一九九二年

三谷栄一・関根慶子校注「狭衣物語」（新日本古典文学大系79）岩波書店、一九七七年

〈著者略歴〉

加賀野井 秀一（かがのい・しゅういち）

1950年、高知市生まれ。中央大学文学部仏文科卒業後、同大学大学院・パリ第8大学大学院に学ぶ。中央大学理工学部名誉教授。専攻はフランス現代思想、哲学、言語学、メディア論、日本語学。
著書に『メルロ＝ポンティ—触発する思想』『猟奇博物館へようこそ—西洋近代知の暗部をめぐる旅』（ともに白水社）、『日本語の復権』『20世紀言語学入門』（ともに講談社現代新書）、『日本語を叱る』（ちくま新書）など多数。訳書にメルロ＝ポンティ『知覚の本性』『「幾何学の起源」講義』〈共訳〉（ともに法政大出版局）、ルピション『極限の航海』（岩波書店）、ミュレ『海』（藤原書店）、ドゥルーズ『哲学の教科書』（河出文庫）、『メルロ＝ポンティ哲学辞典』〈共監訳〉（全4巻、白水社）などがある。

感情的な日本語
——ことばと思考の関係性を探る

二〇二四年二月二十六日　初版第一刷発行

著　者　加賀野井秀一
発行者　阿部黄瀬
発行所　株式会社　教育評論社
〒一〇三－〇〇二七
東京都中央区日本橋三－九－一
日本橋三丁目スクエア
TEL〇三－三二四一－三四八五
FAX〇三－三二四一－三四八六
https://www.kyohyo.co.jp

印刷製本　株式会社シナノパブリッシングプレス

定価はカバーに表示してあります。
落丁本・乱丁本はお取り替え致します。

ISBN 978-4-86624-094-7